# 열하일기

박지원

SR&B(새로본닷컴)

윤두서의 〈격룡도〉

# 〈베스트 논술 한국대표문학(전60권)〉을 펴내며

어린 시절의 독서는 평생의 이성과 열정을 보장해 줄 에너지의 탱크를 채우는 일입니다. 인생의 지표를 세울 수 있는 가장 믿을 만한 방법이기도 합니다.

새로 접하는 사물의 이치를 터득하려면 그 정보를 대뇌 속에 담는 프로그램이 마련되어 있어야 합니다. 그 프로그램을 구축하는 가장 효과적인 방법이 지속적인 독서입니다. 독서는 책과 나의 쌍방향적인 대화이며 만남이며 스킨십입니다.

그러나 단순한 독서만으로는 생각하는 힘과 정확히 표현하는 힘을 키울 수 없습니다. 〈베스트 논술 한국대표문학〉은 이에 유의하여 다음과 같이 편찬하였습니다.

① 초 · 중 · 고 교과서에 실린 고전 및 현대 문학 작품부터 〈삼국유사〉, 〈난중일기〉, 〈목민심서〉 등 우리의 정신을 일깨워 주고 우리에게 지혜와 용기를 준 '위대한 한국 고전' 에 이르기까지 한 권 한 권을 가려 뽑았습니다.
② 각 권의 내용과 특성을 분석하여, '작가와 작품 스터디', '논술 가이드' 등을 덧붙여 생각하는 힘, 표현하는 힘을 키울 수 있도록 각 분야의 권위 학자, 논술 전문가들이 심혈을 기울였습니다.
③ 특히 현대 문학 부문은 최근 학계에서, 이 때까지의 오류를 바로잡아 정확한 텍스트를 확정한 것을 반영하였고, 고전 부문은 쉽고 아름다운 현대 국어로 재현하였습니다.
④ 각 작품에 관련된 작가의 고향을 비롯한 작품의 배경, 작품의 참고 자료 등을 일일이 답사 촬영하거나 수집 · 정리하여 화보로 꾸몄고, 각 작품의 갈피 갈피마다 아름다운 그림을 넣어, 작품에 좀더 친근감 있게 접근할 수 있도록 하였습니다.

이 〈베스트 논술 한국대표문학〉이 여러분이 '큰 사람' , '슬기로운 사람' 이 되는 데 충실한 밑거름이 되기를 바랍니다.

〈베스트 논술 한국대표문학〉 편찬위원회

박지원

박지원이 쓴 서간문의 일부

박지원이 머물며 집필하던 집

박지원의 〈연암집〉

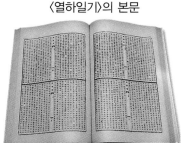

〈열하일기〉의 본문

확대한 〈열하일기〉 본문

중국의 만리 장성

박지원 일행이 중국으로 가기 위해 건넜던 압록강

사실에 입각하여 진리를 탐구하려는
태도가 담긴 '실사구시' 현판

정약용

정약용의 〈경세유표〉

박제가의 〈기암 관수도〉

동양에 서양 문물을
소개한 마테오 리치

허준이 쓴 〈동의보감〉

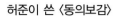

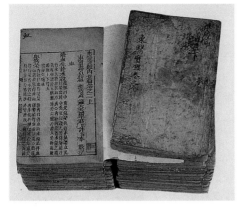

허준 동상

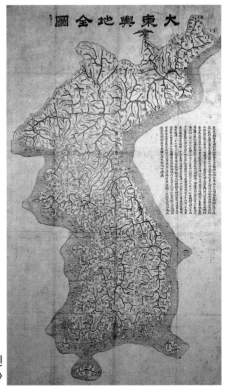

우리 나라의 실측도인
〈대동여지도〉

# 차례

# 열하일기

# 열하일기

## 강을 건너다

6월 24일. 아침에 보슬비가 내리다가 다시 갬.

오후에 압록강*을 건너 삼십 리를 더 간 뒤 구련성에서 묵었다. 간밤에 소나기가 쏟아지더니 곧 맑게 갰다.

앞서 용만*에서 묵었던 열흘 동안에 방물*은 이미 다 들어와 떠나야 할 날이 급해졌지만, 장마 때문에 불어난 강물은 날씨가 갠 지도 나흘이 지났는데도 물살은 더욱 거세지기만 하여 나무나 돌 같은 것들이 마구 굴러 내려오고 있으며, 흐린 강물 또한 하늘에 맞닿은 듯이 보였다.

중국 고대의 지리서인 〈산해경〉에서는 장백산을 '불함산' 이라고 기록하고 있고, 우리 나라에서는 이를 '백두산' 이라고 기록했다. 백두산은 모든 강의 발원지로서, 서남쪽으로 흐르고 있는 강

* **압록강**  우리 나라에서 제일 긴 강. 우리 나라 북부와 중국과의 국경을 이루며, 백두산에서 시작되어 황해로 들어감. 길이 790km.
* **용만**  의주관.
* **방물**  조선 때 중국에 보내던 우리 나라 토산물.

압록강

이 바로 압록강이다.

압록강은 세상에서 제일 큰 강으로, 그 시작되는 곳이 지금 가뭄 중인지 장마 중인지 천리 밖에서는 예측하기가 어렵지만 강물이 넘쳐 흐르는 것으로 보아 백두산의 큰 장마를 짐작하겠다. 이 곳이 보통 나루가 아니기 때문이다. 더구나 장마철이어서 나룻가에 배 대는 곳도 찾을 길이 없고, 중류의 모래톱도 흔적조차 찾을 수 없어서 만약 사공이 조금이라도 실수를 한다면 사람의 힘으로는 도저히 걷잡지 못할 지경이다. 그래서 일행 중 역원*들은 서로 다투듯 옛 일을 말하면서 출발 날짜를 늦추어 달라고 간청했고, 만윤 또한 비장을 보내면서까지 며칠만 더 묵자고 말렸다. 그러나 정사 박명원은 기어이 이 날 강을 건너야 한다고 장계*에 벌써 날짜를 써 넣고 말았다.

아침에 일어나면서 창을 열고 보니, 하늘을 가리는 검은 구름은 금세 비를 쏟을듯 산 언저리에 가득하다. 몸 단장을 마치고 행장을 꾸리고는, 집으로 보내는 편지와 여러 곳에 답장을 써서 풀칠하여 파발을 띄운 뒤에 아침으로 죽을 조금 먹고는 천천히 관에 이르니, 비장들은 벌써부터 군복을 갖춰 입고 있었다. 머리에는 은화와 운월*을 달았고 공작의 깃털을 꽂았으며, 허리에는 남색 전대를 두르고 환도를 찼으며, 손에는 조그만 채찍을 쥐고 있었다. 그들이 서로 마주보고 웃으면서는,

"내 모습이 어떻사옵니까?"

하고 큰소리로 떠든다. 그 중에서도 노 참봉이 철릭*을 입었을 때보다도 훨씬 우람스럽게 보여 정 진사가 웃으면서,

"오늘은 틀림없이 강을 건너게 되겠지요?"

하고 말하자 노 참봉이 옆에서,

---

* **역원**  통역관.
* **장계**  지방에 파견된 관원이 임금에게 글로 보고하는 것.
* **운월**  장식으로 구름의 모양을 새긴 것.
* **철릭**  무관의 공복의 한 가지. 허리에 주름이 잡히고 큰 소매가 달렸음.

"이제 곧 강을 건너게 될 것입니다."

하고 대답했다. 나도 두 사람에게,

"맞다, 맞아."

하였다. 열흘간이나 관에서 묵었던 탓인지 모두들 지루하여 훌쩍 날아가고 싶은 기분이다. 장마로 강물이 불어나서 더더욱 조급해하던 때에 떠날 날이 닥쳐왔으므로 이제는 건너지 않을래야 않을 수 없는데, 앞으로 가야 할 길을 생각하니 심한 무더위가 걱정이다.

아침밥을 먹은 뒤 나는 혼자 말을 타고 먼저 출발했다. 말은 자줏빛 털에 하얀 정수리와 날렵한 정강이, 높은 발굽과 민첩하게 생긴 머리와 짧은 허리, 그리고 두 귀가 쫑긋해 보이는 것이 만 리라도 능히 달릴 수 있을 것 같은 모습이다. 연암의 마부인 창대가 앞에서 경마를 잡고 연암의 하인 장복이는 뒤를 따르는데, 안장에는 쌍주머니를 달아서 왼쪽에 벼루를 넣고 오른쪽에는 거울, 붓 두 자루, 먹 한 장, 그리고 조그만 공책 네 권과 이정록 한 묶음을 넣었다. 행장은 단출하여 아무리 짐 수색이 엄하다 해도 근심할 필요가 없었다.

그런데 채 성문도 못 가 동쪽에서 한 줄기의 소나기가 몰려온다. 급히 성 문턱에 말을 대고 문루로 올라가 성 아래를 내려다보니 창대가 혼자 말을 잡고 서 있고 장복은 보이지 않았다. 조금 있으려니 장복이가 길 옆의 일각문에 우뚝 버티고 서서 위아래를 기웃거리더니만 갓으로 비를 피하며 조그만 오지병을 손에 들고 바람을 일으키듯 뛰어왔다.

알고 보니 둘은 우리 나라 돈을 지니고 국경을 넘지 못하기 때문에 길에 버릴 수도 없고 하여 주머니를 턴 돈으로 술을 사온 것이다. 나는 두 사람에게,

"너희들은 술을 어느 정도 마시느냐?"

하고 물었더니, 둘은

"입에 대지도 못하옵니다."
하고 대답했다. 내가 다시,
　"그럼 그렇지, 옹졸한 것들은 술을 마실 줄 모르는 것이야."
하면서 한바탕 꾸짖고는 스스로를 위안하듯 혼자말로,
　"이것도 먼 길 가는 나그네를 위해 도움이 되겠지."
하고는 말없이 잔에 술을 부어 마시며 동쪽에 있는 용만과 철산의 산들을 바라본다. 산은 수만 겹의 구름 속에 가려져 있었다. 나는 술잔을 다시 채워 문루의 첫 기둥에 뿌리며 이번 여행길에 사고가 없기를 빌고, 또 한 잔을 부어 다른 기둥에 뿌리면서 장복과 창대를 위해 빌었다. 병을 흔들어 보니 술은 아직 몇 잔 더 남아 있다. 그래서 이번에는 창대에게 술을 땅에 뿌리게 하고 말을 위해서도 빌어 주었다.
　담벽에 기대어 동쪽을 바라보니 잠시 무더운 구름이 피어오르며 백마산성 서쪽으로 봉우리가 절반 정도 모습을 나타냈다. 그 빛의 푸르름이 마치 우리 나라의 연암서당에서 바라보는 불일산의 뒷봉우리와 같은 모습이다.

　　홍분루 높은 다락에
　　막수 아씨를 여의고는,
　　가을 바람 말굽 소리
　　변방을 달렸더라.
　　그림배에 실은 퉁소와 장구는
　　어찌 소식이 없는건가,
　　애간장 도려내듯 보고 싶어라.
　　우리 청남의 첫째 고을을.

　이 시는 유득공이 심양에 들어갈 때 지은 것으로, 나는 몇 번이나 거

듭 읊고는,

　"이는 국경을 넘는 사람이 무료함을 달랜 것이야. 이 곳에서 무슨 그림배며 퉁소며 장구 등으로 놀이를 하며 놀았겠는가?"

하고 혼자 크게 웃었다.

　정사가 전배*를 흔들어 대며 성을 떠나자 내원과 주 주부가 두 줄로 맞춰 가는데, 옆구리에 채찍을 낀 채 안장 위에 몸을 세워 앉았으므로 어깨가 으쓱해 보이고 머리가 똑바른 것이 제법 날쌔고 용감해 보였다. 그러나 부대의 차림이 너주레하고, 구종들의 짚신이 안장 뒤에 주렁댔으며, 내원의 군복은 파란 모시로, 너무 자주 빨아 입어 후줄근해 보이고 버석거리는 것이 지나치게 검소를 숭상하기 때문이라고 생각된다.

　잠시 후 부사* 정원시의 행차가 성으로 드는 것을 기다렸다가 말고삐를 천천히 돌려서 구룡정에 이르니, 그곳이 바로 배 떠나가는 곳으로 만윤이 벌써 막을 쳐놓고 기다리고 있었다.

　서장관*은 새벽녘에 일찍 일어나 만윤과 같이 살펴보는 것이 원칙인데 지금 사람과 말들을 사열하고 있었다. 사람의 이름과 주소와 나이, 수염이나 흉터가 있는지 없는지, 키가 작은가 큰가, 말의 털 빛깔이 어떤지를 조사한다. 깃대 셋을 세워 문으로 삼고 금물을 조사하니, 중요한 것으로 황금과 진주, 인삼과 초피와 포, 그리고 삼천 냥이 넘는 남은*이었으며, 영세품은 새 것과 옛 것을 모두 합쳐 수십 종에 이르러 다 셀 수가 없었다.

　구종들은 윗옷을 풀어헤쳐 보여야 하며, 고의*도 아래로 훑어 보여야 하고, 비장이나 역관들은 행장을 끌러 보여야 한다. 이불 보따리와

---

＊**전배** 기치와 곤봉 따위를 앞에 세웠으므로 전배라 한다.
＊**부사** 차석 사신.
＊**서장관** 조선 때 외국에 보내는 사신을 따라가는 임시 벼슬인 기록관.
＊**남은** 2천 냥과 3천 냥의 한도를 넘는 은자.
＊**고의** 여름에 바지 대신 입는 홑옷.

옷 보따리가 강 언덕 위에 널브러지고 가죽 상자와 종이 상자는 풀밭 위에 널려 뒹구는데 사람들이 그것들을 주워 담으면서 흘긋거린다. 이는 수색을 하지 않으면 나쁜 짓을 막을 길이 없고 수색을 하면 이처럼 체면에 어긋나게 된다. 그러나 이것도 실은 형식에 지나지 않는 것이며, 용만의 장수들이 이미 수색에 앞서 몰래 강을 건넜으니 누가 막을 것인가.

금물이 발견되면 첫째 문에서 걸린 자는 중곤*을 맞고 물건을 몰수당하고, 둘째 문이면 귀양을 보내고, 마지막 문에는 목을 베어서 높이 매달아 많은 사람들에게 본보기로 보인다. 그 법이 엄하기 이를 데 없어 이번 길에는 원포가 절반도 못 되고 빈 포도 많았으니 남음이 있을 리 없다.

손님을 대접하는 음식상은 초라하기 이를 데 없는데 들어서자마자 물려 내니 강 건너기에 바빠서인지 참견하는 사람이 없다. 배는 다섯 척밖에 없는데 한강의 나룻배와 비슷하거나 그보다 조금 컸을 뿐이다. 먼저 방물과 인마를 건네고, 정사의 배에는 표자문과 수역과 상사의 하인들이 함께 타고, 부사의 서장관과 그 하인들은 또 다른 배에 올랐다.

용만의 이교와 방기와 통인과 평양*에서 모셔 온 아전과 계서들은 뱃머리에 서서 차례로 작별 인사를 나누는데, 상사의 마두가 외치는 창알 소리가 채 끝나기도 전에 사공은 삿대를 물 속에 집어 넣는다.

물살은 몹시 빠르지만 배따라기 소리는 모두 같이 부른다. 사공의 노력 덕에 배는 살별처럼 번갯불처럼 빨리 달린다. 잠깐 아찔한 순간 하룻밤이 지난 듯 통군정의 기둥과 난간과 헌함이 사

* **중곤** 대곤보다 더 큰 곤장.
* **평양** 평안 남도의 남서부 대동강 하류에 있는 한 시. 우리 나라에서 가장 오랜 역사를 지닌 도시.

평양

방 팔방으로 빙빙 도는 것 같더니 모래펄에 서 있는 전송객이 저만치 팥알처럼 작게 보인다. 내가 홍 군의 명복에게,

"자네는 길을 잘 알고 있는가?"

하고 물었더니 홍 군은 팔짱을 낀 채,

"예에, 무슨 뜻이신지?"

하며 되묻기에 내가 다시,

"길이란 어려운 것이 아니야. 저 강 언덕에 있는 것이 무어냐고 물었네."

하고 말했다. 이에 홍이,

"그러니까 '저 언덕에 먼저 오른다' 는 말씀이신가요?"

하고 묻는다. 내가 다시,

"그런 뜻이 아니네. 이 강은 저들과 우리와의 경계로서 언덕이 아니라면 물이어야 하네. 세상 사람들의 윤리와 만물의 법칙이 마치 물이 아니면 언덕이 있는 것과 같네. 길이란 다른 곳에서 찾을 게 아니라 바로 이 물과 언덕가에서 찾아야 한다는 것일세."

하고 대답했다. 그러자 홍이,

"외람되게 자꾸 여쭙니다만 그 말씀은 무슨 뜻이온지?"

하고 또 묻는다. 그래서 내가 다시 답하였다.

"옛 글에 '인심은 오로지 위태로워지고 도심은 없어질 따름이다.' 라고 했네. 서양 사람들에게는 일찍이 기하학이라는 학문이 있어 한 획의 선을 변증할 때도 선이라고만 해서는 그 세세한 부분을 나타내지 못하므로 빛이 있고 없는 식으로 나타내었다네. 그기에 석가모니는 붙시노 떨어지지도 않는다는 말로 설명하였지. 그 즈음에 선처할 수 있는 사람은 정말 길을 아는 사람이라야 능히 할 수 있었겠지."

이렇게 주고받는 사이에 벌써 배는 언덕에 닿았는데, 갈대가 빽빽하게 들어서 있어 바닥이 보이지 않았다. 그러자 하인들이 앞다투어 언덕

으로 내려가서 갈대를 꺾어 배 위에 깔았던 자리를 걷어와 펴려고 하였지만 갈대의 그루가 칼날 같은데다 질퍽한 진흙이 달라붙어 있어 어쩔 수가 없었다. 그래서 정사를 비롯한 모두가 우두커니 갈대밭에 서 있기만 했다.

"먼저 건넌 사람들과 말은 어디에 있느냐?"

하고 물어도 사람들은 한결같이,

"모르옵니다."

하고 대답할 뿐이다. 그래서 다시,

"방물은 어디에 있느냐?"

하고 물었더니 역시,

"모르옵니다."

하면서, 멀리 보이는 구룡정의 모래톱을 가리키면서 말한다.

"우리 일행도 아직 건너지 못하고 개미 떼처럼 저렇게 옹기종기 모여 있는 것 같습니다."

용만 쪽을 쳐다보니 멀리 성 하나가 마치 한 필의 베를 펴놓은 듯 보이는데 바늘 구멍처럼 뻥 뚫린 성문으로 내리쬐이는 햇살이 한 점의 샛별처럼 보인다.

바로 이 때 큰 뗏목이 거친 물결에 떠내려온다. 성사마두인 시대가 멀리서,

"어이!"

하고 고함을 쳤다. 그러자 한 사람이 뗏목 위에 서서,

"당신들은 어찌하여 철도 되지 않았는데 조공을 바치려 중국에 가시오. 이렇게 무더운 길을 가자면 얼마나 고생이 많겠소."

하고 말한다. 시대는 다시,

"너희는 어느 고을에 살고 있으며, 어디에서 나무를 베어 오느냐?"

하고 물으니까 다시 그가 답하기를,

"우리는 봉황성에 사는데 지금 장백산에서 나무를 베어 가지고 오는 길이오."

하고 말하는데 그 말이 채 끝나기도 전에 뗏목은 벌써 저만치 까마득히 멀어져 갔다.

이 때 두 갈래의 강물이 한 곳으로 어울리면서 그 가운데에 섬이 하나 생겼다. 앞서 건너간 사람들과 말들이 거기서 잘못 내렸다. 그 길이 비록 오 리밖에 안 된다 하지만 배가 없어서 다시 건너지 못하고 있는 중이었다. 그래서 사공에게 엄명을 내려 재빨리 두 척의 배를 불러 사람들과 말을 건너게 하였지만, 사공이 말하기를,

"저 거친 물살을 거슬러 배를 저어 가려면 아마 하루 이틀에는 힘들 것입니다."

하고 대답한다. 말을 들은 사신들이 화를 내면서 뱃일을 맡은 용만 군교를 벌하려고 하였지만, 딱하게도 죄인을 다루는 병졸인 군뢰가 보이지 않는다. 웬일인가 알아보니 군뢰 역시 먼저 건넜는데 가운데 섬에 잘못 내려 있었다. 부사의 비장 이서구가 화를 참지 못하여 마두를 호통치며 용만의 군교들을 잡아들였으나, 그 놈을 엎드리게 할 자리가 없다. 할 수 없이 볼기를 반 정도만 까고 말채찍으로 너댓 번 치고 끌어내며 빨리 거행하라 호통친다. 그러자 용만의 군교가 한 손으로 전립을 쥐고 또 한 손으로는 고의춤을 붙잡은 채 연방 "예이, 예이."하고 대답한다. 그리하여 배 두 척을 내어 사공이 배를 띄우기는 했으나 워낙 물살이 거센 탓에 한 치 나아가면 한 자가량 물러난다. 아무리 호통을 쳐도 소용이 없다.

그런데 그 때 마침 한 척의 배가 강 기슭을 타고 나는듯이 내려왔다. 군뢰가 서장관의 가마와 말을 이끌고 오는 배였다. 장복이 창대를 향해,

"너도 뒤따라오는구나."

하고 외치며 기뻐한다. 두 놈을 시켜 행장을 조사케 했더니 별 이상은 없고, 다만 비장과 역관이 탔던 말들이 오는 것도 있고 오지 않는 것도 있어서 정사가 먼저 출발키로 했다. 한 쌍의 군뢰가 말을 타고 나팔을 불면서 길을 인도하고, 또 한 쌍은 걸어서 앞길을 인도하는데 버스럭 소리를 내며 갈대 숲을 헤치고 나아간다.

내가 말 위에서 칼을 뽑아 갈대 하나를 베어 봤더니, 껍질은 단단하고 속이 두터워서 화살을 만들 수는 없지만 붓자루 만들기에는 충분할 것 같다. 사슴 한 마리가 놀라서 갈대밭을 헤치며 뛰어 넘는데 그 모습이 마치 보리밭 위를 나는 새와 같다. 일행들은 이 광경을 보고 모두 놀랐다.

십 리 길을 나아가 삼강에 도착하니, 강물이 비단결처럼 잔잔하다. 이곳이 애라하란다. 어디에서 시작되는지는 알 수 없으나, 압록강과는 십 리 거리로 강물이 흘러 넘치지 않는 것으로 보아 서로 근원이 다르다는 것을 짐작할 수 있다. 마침 두 척의 배가 보이는데 그 모양새가 우리 나라 놀잇배와 비슷하다. 길이와 너비는 그것만 못하지만 생김새는 꽤나 튼튼하고 짜임새가 있다. 뱃사공들은 모두 봉황성 사람들인데 사흘 동안이나 그 곳에서 기다렸기 때문에 양식이 모두 떨어져서 굶주렸다고 한다.

이 강은 아무나 함부로 다닐 수 없는 곳이지만, 우리 나라의 역학이나 중국의 외교 문서가 갑자기 교환될 때를 대비하여 봉성장군이 미리 배를 준비해 둔 것이라고 한다. 배를 대는 곳이 몹시 질척거려서 내가, "어이!" 하고 건너다 보이는 되놈을 불렀더니(이 말은 조금 전에 시대에게 배운 것이다.) 그 되놈이 얼른 상앗대를 놓고 이쪽으로 건너 왔다. 내가 얼른 몸을 일으켜서 그의 등에 업혔더니, 되놈은 시시덕거리고 헤설피 웃으면서 배에 태워다 주고는 후유 하고 긴 한숨을 내뿜는다.

이 애라하의 너비는 우리 나라 임진강의 너비와 비슷하다. 여기서부터는 구련성까지 곧바로 향해 있는데 짙푸른 숲이 무슨 장막처럼 우거져 있다. 장막 여기저기에는 호랑이 그물이 쳐져 있고, 의주의 창군이 가는 곳마다 나무 찍는 소리가 온 들녘을 퍼져온다. 혼자 높은 언덕에 올라가 사방을 둘러보았더니 산은 곱고 물이 맑으며 사방이 탁 트여 있다.

나무는 하늘을 찌를 듯하고, 그 가운데에 커다랗게 자리잡은 마을에

서는 게 짖는 소리와 닭 우는 소리가 들려오는 듯한데, 땅마저 기름져서 개간하기에 알맞을 것 같다. 패강의 서쪽과 압록강의 동쪽으로는 이곳과 비교할 만한 땅이 없어 마땅히 이 곳에 거진이나 웅부를 설치할 만하건만, 지금까지 모두 이 땅은 버려 두고 있었다. 그래서인지 사람들은 간혹 말하기를,

"고구려 때 이 곳을 도읍으로 정한 적이 있었다."

고 한다. 그것은 바로 고구려의 국내성을 말하는 것이다. 명나라 때에는 진강부를 두었는데, 청나라가 요동을 정복하자 진강 사람들은 머리 깎는 것이 싫어서 모문룡에게 가거나 우리 나라로 귀화하였다. 그 후 우리 나라에 왔던 사람들은 청나라의 요청에 의해 모두 청나라로 돌아갔으며, 모문룡에게 간 사람들은 대부분 유해*의 난리 중에 죽어 버렸다. 그래서 주인 없는 땅이 된 채 백여 년이 지난 지금은 높은 산과 맑은 물만이 쓸쓸하게 눈에 뜨일 뿐이다.

노둔 친 곳을 두루 돌아다니며 구경하자니, 역관은 막 하나에 세 사람씩, 그렇지 않으면 장 하나에 다섯 사람씩 있기도 하고, 역졸과 마부들은 다섯이나 열 명씩 어울려서 시냇가에 나무를 얽어매 놓고 그 속에 들어가 있다. 밥짓는 연기가 자욱하고 인마 소리가 소란하니 어느덧 마을 하나가 선 것 같다.

용만에서 온 한 패거리의 장수들이 끼리끼리 모여 시냇가에서 수십 마리의 닭을 잡아 씻거나, 그물을 던져 물고기를 잡아 국을 끓이는가 하면 나물을 볶는데, 자르르 기름기 도는 밥을 보니 그들의 살림이 매우 푸짐해 보인다.

석양녘 다 되어서 부사와 서장관이 이르렀다. 삼십여 군데에 횃불을 피우는데 모두들 큰 나무를 썰어 먼동이 틀 때까지 환하게 밝히고, 군

---

* 유해  명을 배신한 장수.

뢰가 한 번 나발을 불자 삼백여 명의 군졸들이 일제히 소리를 맞춰 고함을 친다. 이는 호랑이를 막기 위한 방법인데 밤새도록 그렇게 했다.

군뢰는 만부* 중에서 제일 기운 센 사람들을 뽑아 데려 온 사람들이다. 이들은 하인 중에서도 일을 제일 많이 할 뿐만 아니라 먹는 것도 제일이라는데, 그들의 차림새만은 너무 우스워 허리를 잡을 지경이다. 남빛 운문단을 받친 말액*의 털상투 제일 높은 정수리에는 운월 다홍빛 나는 상모를 걸었고, 벙거지를 쓴 이마에는 날랜 용자를 붙였는데, 아청빛의 삼베로 만든 소매 좁은 군복 위에는 다홍빛 무명 배자를 덧입었으며, 남색 전대를 허리에 둘렀다. 어깨에는 주홍빛 무명실 대융*을 걸쳤으며, 발에는 미투리를 신겼는데, 그 꼴은 가히 볼만한 한 쌍의 사내다.

다만 말 탄 모양이 꼭 반부담 같아서 안장도 없이 짐을 싣고 그 위에 올라탄다. 탄다기보다 그냥 걸터앉는다는 것이 차라리 더 어울릴지 모른다. 등에는 남빛 영기*를 꽂았고, 한 손에는 군령판을, 또다른 손에는 붓과 벼루, 파리채와 팔뚝만한 마가목의 짧은 채찍을 쥐었다. 그리고 입에는 나발을 물고, 앉은 자리 밑에는 여남은 개의 붉게 칠한 곤장을 꽂았다. 각 방에서 약간의 호령이 있어 군뢰를 부르면 그들은 못 들은 체하다가 계속 여남은 번 부르면 그 때야 입 속으로 뭐라고 중얼거리면서 끌끌 혀를 차다가, 처음 듣는 것처럼 큰 목소리로 '예이' 하고는 말 위에서 뛰어내려, 돼지처럼 비틀거리고 소처럼 식식거리면서 나발과 군령판, 붓과 벼루 등을 합쳐서 한쪽 어깨에 둘러메고 막대기 하나를 끌면서 다가간다.

---

* 만부  평안북도 의주의 옛이름.
* 말액  중국 모자의 일종.
* 대융  쾌자처럼 윗옷 위에 걸치는 겉옷.
* 영기  영(令)자를 쓴 군령을 전하는 기.

채 한밤중이 못 되어 소나기가 억수 같이 퍼붓자 위에서 장막이 새고 밑으로는 습기가 치밀어서 피해 있을 곳이 없더니, 얼마 안가 날이 개면서 하늘에 별들이 총총히 드리우더니 만져 보고 싶을 만큼 빛난다.

25일. 아침에 가랑비가 내리더니 낮이 되면서 맑게 갬.

각 방과 역관들은 여기저기 야영했던 곳에서 옷과 이불을 꺼내어 말린다. 간밤에 내린 비에 젖었기 때문이다. 마침 쇄마* 마부들 중에 술을 가지고 온 자가 있어서 대종*이 그 중 한 병을 사다가 바치자, 서로 떠밀며 시냇가로 가서 잔을 기울인다. 강을 건너온 뒤로는 조선 술은 단념했었는데 갑자기 술을 얻어 맛을 보니 술맛은 물론이려니와 한가롭게 시냇가에 앉아서 마시고 있으려니 그 맛이 이루 형언할 수 없다.

한편 마두들이 서로 다투듯 낚시질을 하기에, 나도 취한 김에 낚시 하나를 빌렸다. 낚시줄을 던지자마자 두 마리의 작은 물고기가 걸리는 것을 보니 이 시냇물 속의 고기는 낚시에 훈련되지 못한 것 같다.

방물을 모두 가져오지 못해 구련성에서 다시 묵기로 했다.

26일. 아침에 안개가 끼였으나 늦게 맑게 갬.

구련성에서 삼십 리를 더 가 금석산 아래에 이르러 점심 식사를 하고, 다시 삼십 리를 더 가서 총수에서 머물렀다.

날이 새자마자 안개가 자욱한 새벽 길을 출발했다. 상판사에 머문 마두 득룡은 쇄마의 구종들과 같이 강세작의 옛날 일을 이야기했다. 안개에 가리듯 멀리 보이는 금강산을 가리키며 하는 말인즉,

"저기 보이는 곳이 형주 사람인 강세작이 숨어 있던 곳이외다."

라고 한다. 그 이야기가 무척 재미있어 들을 만했다.

---

* 쇄마  관용의 삯말로 지방에 갖추어 두는 말.
* 대종  선천의 관노로, 어의 변 주부의 마두이다.

날이 저물녘에 총수에 도착했는데 우리 나라 평산에 있는 총수와 비슷한 것이 우리 나라 사람들이 이름을 짓는 유래를 생각케 한다. 평산의 총수와 이 곳이 비슷하기 때문에 그렇게 이름을 지은 것이리라.

27일. 아침에 안개가 끼였으나 늦게부터는 맑게 갬.

아침 일찍 출발했다. 점심 때는 버드나무 밑에서 더위를 식혔다. 옆에 벽돌을 쌓은 작은 우물이 있었는데, 우물 뚜껑 위에 도르래를 달아 양쪽으로 두 가닥의 줄을 드리웠다. 한쪽 줄이 위로 올라오면 다른 한쪽 줄이 내려가게 되어 있어서, 하루 종일 물을 길어도 힘들지 않겠다고 생각되었다.

사람들은 이 우물에서 물을 길어서는 어깨에 메고 다닌다. 메는 방법은 기다랗게 다듬은 굵은 나무 양 끝에 물통을 거는 것이다. 물통은 굵은 대나무로 만들어졌는데, 모두 쇠테를 둘렀다. 이렇게 하면 물통이 흔들릴 때도 물이 넘쳐 흐르지 않으며, 좁은 골목에서도 편히 다닐 수 있는 장점이 있다.

28일. 아침에 안개가 끼였으나 늦게 맑게 갬.

아침 일찍 변 군과 함께 먼저 길을 출발하였더니 대종이 멀리 큰 장원 한 곳을 가리키며,

"저 곳이 통관인 서종맹의 집입니다. 황성에서는 저것보다 더 큰 집을 갖고 있다고 합니다. 서종맹은 본디 탐관오리로서 불법 행동으로 조선 사람을 가혹하게 착취하여 큰 부자가 되었답니다. 그러나 늙은 뒤에는 예부에서 이런 사실을 알고 황성 집을 몰수했는데, 이것만 이렇게 그대로 남겨 두었습니다."

하더니 또 다른 곳을 가리키며,

"저 곳은 쌍림의 집이고, 바로 맞은켠의 대문은 문 통관의 집이라 하

　옵니다."

하고 알려준다. 대종은 말솜씨가 날카롭고 뛰어나, 한 번 읽었던 글을
외듯이 말한다. 대종은 본디 선천에 살았던 사람으로 연경에 드나든 지
도 벌써 예닐곱 번이라 한다.

　봉황성에 이르기까지는 삼십 리 가량 남았다. 옷은 푹 젖었다. 길 가
는 사람들의 수염이 이슬에 젖은 것이 볏모에 구슬을 꿰듯 보인다.

　서쪽 하늘가로부터 짙은 안개가 트이더니 파란 하늘이 조심스럽게
얼굴을 내민다. 한 조각 구멍으로 비치는 빛이 조그만 창에 끼어 놓은

유리알처럼 영롱하다. 잠시 울 안에 끼었던 안개가 모두 아롱진 구름으로 변한 듯하여 그 끝없는 모습을 말로 표현키 어렵다. 돌아서서 동쪽을 바라보니 이글이글 타오르는 한 덩어리의 붉은 해가 세 발 정도 솟아 있다.

강영태의 집에서 점심을 먹었다. 그의 나이는 스물셋, 제 말론 민가라고 한다. 희고 아름다운 얼굴로 서양금을 잘 친다.

"글을 읽었느냐?"
하고 물으니, 그는
"겨우 사서를 외기는 했으나 아직 강의는 못 했습니다."
라고 대답한다.

그들에게는 이른바 '글 외우기'와 '강의하기' 두 가지 길이 있어서, 우리 나라처럼 처음부터 음과 뜻을 함께 배우지 않는 모양이다. 그들은 처음 배울 때는 그저 사서의 장구만 입으로 달달 욀 따름이고 외우는 것이 능숙하면 다시 스승으로부터 뜻을 배우는데 그것을 '강의'라고 한다. 설령 죽을 때까지 강의를 못한다 하더라도 입으로 외는 장구가 늘 쓰고 있는 표준말이 되기에, 세계의 여러 나라 말 중에서도 중국 말이 가장 쉽다는 것이 일리가 있는 말이다.

영태가 사는 집은 깨끗하고 또 화려했으며 여러 가지 기구들이 모두 처음 보는 것처럼 느껴졌다. 구들 위에 깔아 놓은 것은 모두 용봉을 그린 담으로 되었고, 의자나 탁자에도 비단 요를 펴놓았는가 하면, 뜰에는 시렁을 매는 삿자리로 햇볕을 가리고 그 네 면에는 노란색 발을 드리웠다. 앞에는 석류* 대여섯 그루를 늘어 놓았는데 그 중 한 그루는 흰 석류꽃이 활짝 피어 있었다. 그

* **석류** 석류나뭇과에 달린 갈잎 큰키나무.

석류

밖에 묘하게 생긴 나무 한 그루가 있었는데 잎은 동백 같고 열매는 탱자 비슷했다. 그 이름을 물어 보니 '무화과' 라고 한다. 열매는 나란히 꼭지가 맞붙어 두 개씩 달렸는데, 꽃이 피지 않고 열매만 맺히기 때문에 무화과라고 이름 지었다.

서장관 조정진이 찾아왔기에 서로 나이를 비교했더니, 서장관이 나보다 다섯 살 위였다. 이어 부사 정원시까지 찾아왔기에 먼 길의 괴로움을 함께해 온 정분을 말했다.

"형님이 이 먼 길을 떠나신 줄 알면서도 우리 나라 지경의 사정이 몹시 바빠 미리 찾아뵙지 못했습니다."

하면서 김자인이 사과하기에 내가 그에게,

"타국에 와서 이렇게 알게 되니 정말 이역의 친구로소이다."

하고 말하니, 부사와 서장관이 함께 큰 소리로 웃으면서 말한다.

"알 수 없겠지요. 어디가 이역이 될는지."

부사는 나보다 두 살 위였으며, 내 조부와 부사의 조부는 지난날 동창으로 공령문을 함께 공부하였기에, 지금까지 동연록*을 보존해 오고 있다. 내 조부께서 당상관에 계실 때 부사의 조부가 경조랑으로 찾아오셔서 통자하고, 지난날 함께 공부하던 이야기를 하시던 것을 내가 여덟 살쯤인가 아홉 살쯤에 옆에서 들었기에 세의*가 있음을 안다.

그 때 서장관이 석류를 가리키면서,

"지금까지 이런 것을 구경해 본 일이 있소?"

하고 물었다.

"아직까지 본 일이 없소."

허고 내가 말했더니 서장관이 다시,

"내가 어렸을 때 우리 집에 이런 석류가 있었는데 우리 나라 어느 곳

---

* **동연록** 세의 대대로 사귀어 온 정의.
* **세의** 대대로 사귀어 온 정의.

에도 이런 석류는 없었소. 그런데 이 석류는 꽃만 피었지 열매는 맺지 않는다고 하더군요."

라고 한다.

그들은 대체로 이런 이야기를 나누다가 일어섰다. 강을 건너던 날은 갈대밭이 우거진 속에서 서로 만났지만 이야기를 주고받을 짬이 없었고, 또 이틀간이나 책문 밖에서 천막을 나란히 치고 노숙하였으나, 서로 만날 짬이 없어서 이제서야 이처럼 이역 친구다 아니다 하면서 서먹한 이야기를 붙이고 있다.

점심 때까지는 아직 시간이 많다고 하기에 마냥 기다릴 수 없어서 배고픔을 달래며 구경을 나섰다. 처음부터 오른쪽의 작은 문으로 들어왔기 때문에 이 집이 얼마나 웅장하고 화려한가를 몰랐었다. 그런데 지금에야 앞문으로 나가 살펴 보았더니 바깥 뜰이 수백 칸이나 되는 데다가 삼사와 그 딸린 식구들이 모두 이 집안에 있건만, 도무지 어디에 있는지 알 수가 없다. 우리 일행이 거처하고도 남을 뿐 아니라 달리 오고가는 장수나 나그네들도 끊이지 않으며 수레도 이십여 대나 대문 가득히 들어온다. 게다가 그 수레마다 말과 노새가 대여섯 마리씩 매어 있었지만 떠드는 소리라고는 조금도 들리지 않고 오히려 그것들을 깊이 간직한 것처럼 텅 빈듯 조용하기만 하다.

아마 그 배치되어 있음이 규모가 있어서 서로 꺼리는 일이 없기 때문이리라. 밖에서 보아 이러하니 속속들이 세세함이야 두말이 필요하겠는가.

천천히 문 밖으로 나와 보니 그 화려하고 부유함이 비록 연경에 도착한디해도 이보다 더 할 수 있을까 생각된다. 중국이 이처럼 번창한 것은 참으로 뜻밖의 일이다. 길 양 옆에 늘어선 상점들은 모두가 손으로 새긴 들창과 비단을 늘어뜨린 문이며, 그림을 그려 장식한 기둥에 붉게 칠한 난간, 또 푸른빛 주련과 황금빛 현판들이 실로 눈이 부실 지경이다.

더구나 그 안에 펼쳐 놓은 것들은 모두 중국에서도 진기한 것들로, 변문의 보잘것 없는 이 땅에서 이처럼 세련되고 우아한 감식이 있을 줄은 몰랐다.

또 다른 집에 들어가 보았더니 크고 화려함은 아까 본 강씨의 집보다 더했지만 그 제도는 대체로 비슷했다.

보통 집을 지을 때에는 수백 보의 터를 준비하고 길이와 넓이를 알맞게 하되, 사면을 반듯하게 다져서 측량기로 높낮이를 잰 다음에 나침반으로 방위를 잡은 후에야 대를 쌓아올리는 법이다. 터전은 돌을 까는데 그 위에 한 층이나 두세 층의 벽돌을 쌓은 뒤, 다시 돌로 다듬어서 대를 쌓는 것이다. 그런 후에야 위에 집을 세우는데 한일자로 하여서 구부러지게 하거나 연이어 짓지는 않는다.

그 구성은 첫째가 내실, 다음이 중당, 셋째는 전당, 넷째는 외실로 꾸며져 있다. 외실 밖은 큰길이므로 상점이나 시전으로 쓰기도 한다. 당마다 그 양쪽에 곁채가 있는데, 이것은 곧 행랑과 재방이다. 집은 대부분 들보를 다섯이나 일곱으로 하는데 땅바닥에서 용마루까지의 높이를 따져 보면, 처마가 한가운데쯤 자리잡게 되어 기왓골이 병을 거꾸로 세워 놓은 것처럼 가파른 모습을 하게 된다.

집의 좌우와 뒷면은 서까래 없이 벽돌로만 집 높이와 가지런하게 담을 쌓아 올렸기 때문에 서까래가 보이지 않을 정도이다. 동쪽과 서쪽의 양쪽 담벽에는 각각 둥그런 창을 내는데 남쪽으로는 모두 문을 내되, 그 중 한가운데의 한 칸은 드나드는 문으로 쓴다. 이 출입문은 반드시 앞문과 뒷문이 마주보게 하였으므로 집이 서너 겹으로 이루어져 있으면 따라서 문도 여섯이나 여덟 겹이 된다. 그래도 문을 활짝 열어 놓으면 안채에서 바깥채에 이르기까지 문이 화살처럼 곧고 똑바르다. 그래서 그들이 흔히,

"저 겹문들을 활짝 열으니 내 마음을 통하게 하는구나."
하고 말하는 것은 그 곧고 바르게 통한 문을 견준 말이다.

　길에서 동지 이혜적*을 만났다. 그가 웃으면서,

　"궁색한 시골 구석이라 볼 만한 게 있겠는지요?"

하고 묻는다. 그래서 답하기를,

　"연경*이라고 이보다 더 나을 수가 있을까요?"

라고 하였더니, 그가 이렇게 말했다.

　"그렇긴 하지요. 크고 작음과, 사치하고 검소함의 차이는 있겠으나 그 모양은 거의 비슷하지요."

　대부분 집을 짓는 데는 대개 벽돌을 사용한다. 벽돌은 길이가 한 자이고 너비는 다섯 치로 두 개를 나란히 놓으면 이가 꼭 맞으며, 그 두께는 두 치에 이른다. 똑같은 벽돌틀에서 찍어낸 벽돌이지만 귀가 떨어지거나 모가 이지러진 것, 바탕이 비뚤어진 것들은 사용할 수 없다. 만약 쌓아올리는 벽돌 중에 단 한 개라도 이런 것을 사용하면 그 집 전체가 틀어지기 때문이다. 그래서 같은 틀로 찍어 냈어도 행여 어긋난 것이 있을까 걱정되어, 반드시 곡자로 재고 자귀로 깎고 돌로 갈고 공을 들여 가지런히 하므로 그 갯수가 아무리 많아도 한 금으로 그은 듯싶다. 그 쌓아올리는 방법은 한 개를 세로로 하면, 다른 한 개는 가로로 놓아서 자연히 감과 이와 괘가 이루어지게 한다. 벽돌과 벽돌 사이의 틈은 석회를 이겨서 두 개가 겨우 붙을 정도로 백지장처럼 얇게 붙이므로 그 흔적이 실밥처럼 보인다.

　회를 이길 때는 굵은 모래나 진흙은 피한다. 모래가 굵

---

＊이혜적　역관으로서 삼품 당상관임.
＊연경　중국 베이징의 옛이름. 요나라, 금나라, 원나라, 명나라, 청나라의 옛수도이며 오늘날 중화인민공화국의 수도.

베이징의 자금성

으면 잘 섞이지 않고 흙이 진하면 터지기 쉽기 때문에 반드시 검고 부드러운 흙을 섞어서 이겨야 하는데, 그 빛깔이 거무스름한 것이 새로 구운 기와의 색이다. 그 특성은 진흙이나 모래를 사용하지 않으면서도 빛깔의 순수함만은 취하며, 거기에 어저귀 따위를 가늘게 썰어서 섞는다. 이는 우리 나라에서 초벽하는 흙에 말똥을 섞는 것과 같은 이치로 터지지 않게 하기 위함이다. 또 거기에 동백기름을 섞어서 번들거리고 매끄럽게 하여 떨어지거나 터지는 일을 막아준다.

그런데 기와를 이는 방법은 참으로 본받을 만한 것이 많다. 모습이 동그란 대나무 통에 네 쪽을 쪼개어 놓은 것과 같은데 그 크기는 두 손바닥만하다. 보통 민가에서는 원앙와는 쓰지 않으며, 서까래 위에는 산자를 엮지 않는 대신에 삿자리를 몇 잎씩 편다. 또 진흙을 바르지 않고 바로 기와를 이는데 한 장은 엎치고 다른 한 장은 젖혀서 암수를 서로 맞춘 다음에 그 틈을 한층 한층 전부 회로 바른다. 이렇게 하면 쥐나 새가 뚫고 들어가지 못할 뿐만 아니라 위가 무겁고 아래가 허술한 폐단을 없앨 수 있기 때문이다.

우리 나라에서 기와를 이는 방법은 이와 아주 다르다. 우선 지붕에 진흙을 잔뜩 올리기 때문에 위가 무거울 수밖에 없으며, 바람벽은 벽돌로 쌓아서 회를 때우지 않았기 때문에 네 기둥이 서로 기댈 수 없어 아래가 허전할 수밖에 없다. 기왓장이 너무 크고 몹시 굽기 때문에 자연히 빈 데가 많아서 진흙으로 메울 수밖에 없는 것이다.

따라서 진흙이 짓누르게 되어 기둥이 휘어 버리는 탈이 생기게 되고, 질었던 것이 마르게 되면 기와 밑이 자연히 들뜨게 되어 틈이 생기게 마련이다.

그래서 바람이 들어오고 비가 새며, 쥐나 새가 드나들거나 뱀이 자리잡기 일쑤이며, 고양이가 설쳐대는 걱정을 면하지 못하게 된다.

집을 짓는 데에는 벽돌의 공이 가장 크다 하겠다. 담을 높이 쌓을 수

있을 뿐만 아니라 집 안팎 할 것 없이 벽돌을 쓰지 않는 곳이 없기 때문이다. 저 넓은 뜰에 눈길이 이르는 곳마다 번듯번듯 바둑판을 그려 놓은 듯 보이는 것도 이 때문이다.

집 전체 구조를 살펴보더라도 벽을 의지해서 위는 가볍고 아래는 단단하며, 기둥이 벽 속으로 들어가 비바람을 만나지 않는다. 그래서 불이 번질 염려도 없고 도둑이 벽을 뚫을 염려는 물론, 쥐, 새, 뱀, 고양이 따위들을 걱정할 일도 없다. 가운데에 달아놓은 문만 닫으면 자연히 튼튼한 성벽이 되어 집 안에 있는 모든 물건은 궤 속에 간직한 것처럼 된다. 그러고 보면, 흙과 나무도 많이 들지 않고 또 못질과 흙손질을 할 필요도 없이 벽돌만 구워 놓으면 집은 벌써 완성된 것이나 다름없다.

때마침 봉황성을 새로 쌓는데,

"이 성이 바로 안시성이다."

하고 말하니, 고구려의 옛 방언에 큰 새를 가리켜 '안시'라고 했다 하니, 지금도 우리 나라의 시골말 중에 봉황을 '황새', '사'를 '배암'이라고 하는 것을 보아서,

"수나 당나라 때에 이 나라의 말을 따라 봉황성을 안시성으로 하고, 사성을 백암성으로 고쳤다."

는 전설이 자못 그럴 듯하다.

또 예로부터 전해 오는 말에 의하면,

"안시성의 성주인 양만춘이 당 태종의 눈을 쏘아 맞히자, 당 태종이 성 아래에서 군사를 모아 시위했으나 끝내는 양만춘에게 비단 백 필을 하사함으로써 그가 자기 나라 임금을 위하여 성을 굳게 지키는 것을 칭찬하며 기렸다."

라고 한다. 그래서 김창흡이 그의 아우인 창업을 보내어, 연경으로 향하는 시에서

만고에 크신 영웅 우리의 양만춘 님
용의 수염, 범의 눈동자 화살 하나에 떨어졌네.

라고 하였고 목은 이색은 〈정관음〉에서 이르기를,

주머니 속의 작은 것이 보잘것 없다 하더니
검은 꽃이 흰 날개 위에 떨어질 줄을 뉘 알리오.

라고 하였으니, '검은 꽃'은 눈을 말함이요, '흰 날개'는 화살을 말함이다. 두 시인의 이 시들은 우리 나라에서 예로부터 전해오는 이야기 중에서 비롯된 것이리라. 도대체 천하의 당 태종이 이 하찮은 작은 성 하나를 함락시키지 못하여 군사를 돌이켰다는 것은 그 사실 여부에 의심을 갖지 않을 수 없다. 김부식은 옛 글에 그의 이름이 전하지 않음을 애석히 여겼다 한다. 아마 김부식이 〈삼국사기〉를 지을 때 오직 한 번 중국 사서에서 베끼고는 모든 사실을 중국의 사서 그대로 인정하였을뿐 아니라 유공권*의 소설을 인용하여 당 태종의 포위된 사실을 증명했지만, 실제로는 〈당서〉와 사마광의 〈통감〉에는 기록되어 있지 않다. 아마 그들이 중국의 부끄러움을 막기 위해 짐짓 피한 것이 아닌가 한다. 그런 까닭으로 우리 나라에 전해오는 사실들은 조금도 기록하지 않았다. 설령 그 사실들이 믿을 수 있는 것이든 그렇지 못한 것이든 모두 빼 버리고 만 것이다. 나는 그에 대해,

"당 태종이 안시성에서 정말 눈을 잃었는지는 알 길이 없으나 이 성을 '안시'라고 하는 것은 잘못이라 생각한다. 〈당서〉에 보면 '안시성은 평양으로부터 오백 리 길이요, 봉황성은 왕검성이라 한다.' 하였

---

*유공권 당나라의 학자.

고, 〈지지〉에는 '봉황성을 평양이라고 하기도 한다.' 라고 하였으나, 이것이 무엇을 뜻하는지 모르겠다. 또 〈지지〉에 '옛날의 안시성은 개평현 동북쪽 칠십 리 떨어진 곳에 있다.' 라고 하였은즉 개평현에서 동쪽으로 수암하까지가 삼백 리이고, 수암하에서 다시 동쪽으로 이백 리를 떨어진 곳에 봉황성이 있다. 과연 이 성을 옛날의 평양이라고 한다면, 〈당서〉에 오백 리라고 한 기록과 서로 일치 되는 것이다." 라고 생각한다. 그런데 우리 나라의 선비들은 지금의 평양만 알고 있으므로 기자가 평양에 도읍했다면 이를 믿고, 평양에 정전이 있다고 해도 이것을 믿을 것이며, 평양에 기자묘가 있다고 해도 이를 믿을 것이어서 '봉황성이 바로 평양이다.' 라고 하면 깜짝 놀랄 것이다. 만약 요동에 평양이 하나 더 있었다고 한다면 그 무슨 해괴한 말이냐고 나무랄 것이다. 그들은 아직까지도 요동이 본디 조선의 땅이며, 숙신·예·맥 등 동이*의 여러 나라가 모두 위만의 조선에 속해 있었다는 사실을 알지 못하고, 또 오라나 영고탑, 후춘 등의 지역이 원래 고구려의 옛 땅인것을 모르고 있다.

아아, 먼 훗날의 선비들이 이러한 경계를 밝히지 못하고 함부로 한사군을 압록강 이쪽으로 모조리 몰아넣고는, 엉터리 사실을 끌어 대어, 일일이 나누고는 그 속에서 다시 패수를 찾아, 압록강과 청천강을 '패수' 라 하고 또 대동강*도 '패수' 라고 했다. 이렇게 되어 조선의 강토는 전쟁 한 번 하지 않고 저절로 줄어들었다. 어찌하여 이렇게 된 것인가.

평양을 한 곳에 정해 놓고 패수의 위치가 북으로 올라갔다 뒤로 물러났다 함은 그때 그때의 사정에 따랐기 때문이다.

---

* 동이(東彝)  어떤 책에는 동이(東夷)로 되어 있으나 그릇된 것이다.
  연암은 이(夷)로는 야만족이라 하여 이것을 피하였다.
* 대동강  평안 남도에 있는 우리 나라에서 다섯째로 긴 강. 길이 439.

대동강

나는 일찍이 한사군의 땅은 요동에만 있는 것이 아니라 여진에도 있어야 한다고 생각했다. 그것은 〈한서〉나 지리지에 현도나 낙랑은 있어도 진번이나 임둔은 나타나 있지 않기 때문이다.

　전한의 8대 창제인 소재 5년에 사군을 합쳐서 2부로 만들었고, 원봉 원년에 2부를 다시 2군으로 고쳤을 것이다. 현도의 세 고을 가운데에는 고구려현이 있으며, 낙랑의 스물다섯 마을 중에는 조선현이 있다. 그리고 요동의 열여덟 마을 가운데에는 안시현이 있는데, 다만 진번은 장안에서 칠천 리 떨어져 있고, 임둔은 장안에서 육만일천 리 떨어져 있을 뿐이다. 이는 조선 시대 세조 때의 학자 김윤이,

　　"우리 나라 국경 안에서는 마을들을 찾을 수가 없는데 그것은 지금의
　　영고탑 등지에 있었기 때문이다."

라고 말한 것이 옳다. 이로 미루어 보건데 진번이나 임둔은 한나라 말경에 부여·읍루·옥저와 합쳐졌다 하겠다. 그것은 부여는 다섯이고 옥저는 넷이던 것이 변해하여 물길이 되었고, 다시 변해하여 말갈이 되었으며, 그것이 또 변해하여 발해도 되고 다시 또 여진으로 되었기 때문이다. 발해의 무왕 대무예가 일본의 성무왕에게 보낸 글 중에서,

　　"고구려의 옛 땅을 다시 찾고 부여의 풍속을 계승했다."

라고 쓴 것을 미루어 보아 한사군의 절반은 요동에 있었으며, 그 절반은 여진에 나뉘어 있으면서 서로 감싸고 잇대어 있었던 것이니, 원래부터 우리 영토 안에 있었음이 분명하다.

　그런데 한나라 이후부터 중국에서 말하는 패수는 어느 강을 일컫는 것인지 일정하지 않은 데, 우리 나라의 선비들은 여전히 지금의 평양을 중심으로 패수를 찾고 한다. 더구나 옛날 중국 사람들은 요동 이쪽의 강을 모두 '패수'라고 하였다는데 그 주장하는 것이 서로 달라 사실에 어긋난 것 같다. 옛날의 조선과 고구려의 국경을 알기 위해서는 먼저 여진을 우리 국경 안으로 끌어들여 생각하고 그 다음에는 요동에 가서

패수를 찾아야 한다고 생각된다. 그렇게 해서 패수가 정해지면 강역이 확실하게 밝혀지게 될 것이고 강역이 밝혀지면 자연히 고금의 사실이 서로 들어맞게 될 것이다. 그렇다면 봉황성이 확실히 평양이라고 할 수 있겠느냐고 묻는다면, 그것은 기씨·위씨·고씨 등이 도읍한 지역으로 하나의 평양이라고 대답할 수 있을 것이다.

〈당서〉 '배구전'에서,

"고려는 본디 고죽국이었는데 주나라에서 고죽국에 기자를 봉하였던 것이, 한나라 때에 이르러서는 4군으로 나누려 한 것이다."

라고 한 것으로 보아, 고죽국은 지금의 영평부에 있는 것이고, 또 광녕현에는 전에 기자묘가 있어서 소상을 만들어 받들었는데, 명나라의 가정* 병화에 불타 버렸다고 한다. 광녕현을 어떤 사람들은 '평양'이라고 부르기도 하는데, 〈금사〉*와 〈문헌통고〉*에,

"광녕이나 함평은 모두 기자의 봉지이다."

라고 한 것으로 보아 영평과 광녕의 사이가 하나의 평양이 된다 하겠다.

원의 탁극탁이 쓴 〈요사〉에 보면,

"발해의 현덕부는 원래 조선의 땅으로 기자를 봉한 평양성이었는데, 요나라가 발해를 함락시킨 뒤에 이곳을 '동경'이라고 고쳤던 바, 이 것이 바로 지금의 요양현을 가리킨다."

라고 써 있다. 그러니 요양현도 역시 하나의 평양인 것이다. 나는,

"기씨가 처음에는 영평과 광년의 중간쯤에 있었는데 후에 연나라의 진개에게 쫓겨서 이천 리의 땅을 잃고 동쪽으로 쫓겨 갔으니, 이것은 중국의 진나라나 송나라가 남쪽으로 옮겨간 것과 같다. 그래서 머무

---

✳ 가정  명나라 세종의 연호.
✳ 〈금사〉  원나라 탁극탁 등이 순제의 명을 받들어 지음.
✳ 〈문헌통고〉  원의 마단림이 지었음.

르는 곳마다 평양이라고 불렀으니 지금 우리 나라의 대동강 기슭에
있는 평양도 그 중 하나일 것이다."
라고 생각한다. 그리고 패수도 마찬가지로 이와 같은 이치로 고구려의
국경선이 늘어나기도 하고 줄어들기도 하였는데 '패수'란 이름도 그에
따라 달라지는 것은, 중국 남북조 시대 때 주나 군의 이름이 서로 바뀌
는 것과 같다. 지금의 평양을 평양이라고 하는 사람들은 대동강을 가리
켜,
　"이 물은 '패수'이다."
라고 하며, 평양과 함경도 중간에 있는 산을 가리켜서는,
　"이 산은 '개마대산'이다."
라고 한다. 요양을 평양으로 생각하는 사람들은 헌우낙수를 가리켜 이
르기를,
　"이 물이 '패수'이다."
라고 하고, 개평현에 있는 산을 가리켜서,
　"이 산이 '개마대산'이다."
라고 한다.
　어느 쪽이 옳고 그른지 알 수는 없지만 지금의 대동강을 '패수'라고
하는 사람들은 자기의 강토를 스스로 줄여 말하는 것이 된다.
　당나라는 의봉 2년에 당나라에 항복한 고구려의 마지막 임금인 보장
왕을 요동주의 도독으로 삼고, 조선 왕으로 봉해서 요동으로 돌려 보낸
뒤에 안동 도호부를 신성에 옮겨서 이를 통치케 하였다. 이것을 보면
고씨의 강토가 요동에도 있었던 것으로 당이 고구려를 정복하기는 했
지만 통치하지 못하고 고씨에게 되돌려 주었으니 평양은 원래 요동에
있었거나 아니면 그 명칭을 이 곳에 잠시 빌려 썼거나, 그것도 아니면
패수와 함께 그때 그때 형편에 따라 사용한 것이라 하겠다. 한의 낙랑
군 관아가 평양에 있었다고 하는데 이것은 지금의 평양이 아니라 요동

의 평양을 말하는 것이다. 그 뒤 승국* 시대에 와서는 요동과 발해가 전부 글안에 흡수됨으로써 겨우 자비령과 철령을 경계로 삼았으니 선춘령과 압록강은 버려둔 채 돌보지 못했으니 그 밖의 땅이야 한 발자국인들 돌아볼 수 있었으랴.

고려는 안으로 삼국을 합병하기는 했지만 강토와 무력은 고구려 고씨의 강성함에는 미치지 못하였다. 후세의 옹졸한 선비들은 평양의 옛 이름만 그리워하여 중국의 사전만 믿고,

"이 곳은 패수고 저 곳은 평양이다."

라고 하지만, 실은 사실과 어긋난 것임을 알 수 있다. 이 성이 어찌 안시성인지 봉화성인지 무엇으로 분별할 수 있단 말인가.

성의 둘레는 비록 삼 리에 불과하지만 그 성체만은 수십 겹의 벽돌로 쌓아 그 모양이 웅장하고 네 모서리가 반듯한 것이 마치 모발을 놓은 것과 같다. 지금은 겨우 절반밖에 쌓지 못해서 그 높낮이는 아직 예측하기 어렵지만 성문 위의 다락을 짓고 그 곳에 구름다리를 놓은 것이 마치 하늘에 높이 떠 있는 것처럼 보인다. 비록 성축 공사가 어렵기는 하나 편리하게도 기계가 벽돌과 흙을 실어오는 등 모두 기계가 움직여 준다. 수레바퀴를 굴려서 위에서 끌어올리는가 하면 밀어 주기도 하고, 방법은 일정하지 않으나 모든 일의 과정이 간편하여 노력에 비해 그 효과가 배나 되는 기술이라 하겠다.

어느 것 하나 소홀히 볼 수 없지만 갈 길이 너무 바빠 더 자세히 살펴볼 틈도 없거니와, 하루 종일토록 살펴본다 해도 하루아침에 배울 기술이 아니니 참으로 안타까운 일이 아닐 수 없다.

밥을 먹은 후 변계함과 정 진사와 함께 출발하는데 강영태가 문밖까지 따라 나와 인사를 한다. 전송하는 모습이 석별을 무척 아쉬워하는

---

*승국  왕씨 고려를 말함.

듯하는데, 돌아올 때는 겨울이 될 것이라며 책력 한 벌만 사다 달라고 부탁한다. 나는 청심환 한 개를 주었다.

한 상점 앞을 지나면서 보니, 한쪽에는 금으로 쓴 '당' 자 패가 걸려 있고, 그 옆에는 '군기는 전당잡지 않음' 이라는 글자가 씌어있다. 바로 전당포다. 그 안에서 잘 생긴 청년 두세 명이 뛰어나오더니 길을 막아서며 잠시라도 좋으니 땀을 식히고 가라고 권한다. 그래서 우리가 말에서 내려 안으로 들어가 보니 모든 시설들이 얼마 전에 본 강씨의 집보다 더 훌륭했다. 뜰 가운데는 큰 분이 두 개 놓여 있고, 그 속에는 서너 대의 연밥이 심어져 있는데, 오색빛 금붕어를 기르고 있었다.

청년이 손바닥만한 비단 그물을 가지고 와서 작은 항아리 쪽으로 다가가더니 몇 마리의 빨간 벌레를 떠다가 분 속에 띄워 준다. 깨알처럼 작은 그 벌레들이 꼬물꼬물 움직이는데, 청년은 부채로 분의 가장자리를 두드리며 고기를 부르니까 고기들이 모두 물 위로 떠오르며 물을 머금었다가는 거품을 내뿜는다.

마침 때가 한낮이어서 불볕 더위가 내리쬐어 숨이 막히는 것 같아 더 이상 머무를 수 없어 길을 재촉했다. 정 진사와 같이 앞서거니 뒤서거니 가다가 정 진사에게,

"그 성을 쌓은 방법을 어떻게 생각하오?"

하고 물었더니 정 진사는,

"아무래도 돌보다 벽돌이 못한 것 같습니다."

하고 대답한다. 내가 다시,

"그것은 자네가 잘 모르는 말이네. 우리 나라에서 성을 쌓을 때 벽돌을 쓰지 않고 돌만 쓰는 것은 잘못이네. 벽돌은 한 개의 네모진 틀에서 찍어내기 때문에 만 개의 벽돌을 찍어내도 똑같아서 다시 깎거나 다듬는 헛된 노력을 하지 않아도 된다네. 뿐만 아니라 아궁이 하나만

있으면 만 개의 벽돌이라도 그 자리에서 구워 낼 수 있으니, 일부러 사람들을 시켜 운반하는 수고도 없지 않겠나? 한결같이 고르고 반듯하기 때문에 별로 힘들이지 않아도 일은 배로 할 수 있고, 나르기도 어렵지 않고 쌓기도 쉬우니 벽돌만한 것이 또 있겠나? 하지만 돌로 말하자면 산에서 그 돌을 쪼개 내는데만 몇 명의 석수가 필요할 것이며 수레로 운반할 때도 몇 십명의 인부가 필요하고, 운반해 놓은 뒤에도 여러 사람이 붙어서 깎고 다듬어야 하며, 다듬는 데에도 며칠은 걸릴 것이 틀림없고, 쌓을 때도 그 돌 하나를 놓을 때 몇 명의 인부가 힘을 합쳐야 하지 않나. 그런 후에야 언덕을 깎아내고 돌을 놓아야 하니 이야말로 흙살에 돌옷을 입혀 놓은 것과 같아서 겉보기에는 번지르르하나 실제의 속은 고르지 못한 법이네. 돌은 원래 모가 많아서 반듯하지 못하기 때문에 조약돌로 그 궁둥이와 발등을 받치며 언덕과 성 사이에 자갈과 진흙을 섞어서 채워야 하니까, 장마를 한번 치르면 속이 궁글고 배가 불러져서 만일 돌이 한 개라도 튀어나와 빠져 버리면 그 나머지는 앞다투어 무너질 게 뻔한 일이 아니겠나. 또 석회라는 것은 벽돌에는 잘 붙어도 돌에는 잘 붙지 않는 것일세. 내가 전에 차수 박제가와 같이 성제를 논할 때인데 어떤 사람이 말하기를, '벽돌이 굳다 한들 어찌 돌을 당하겠소.' 그러자 차수가 소리를 버럭 지르며 '벽돌이 돌보다 낫다는 것이 어떻게 벽돌 하나와 돌 하나를 두고 하는 것이오.' 하더구먼. 이건 사실 올바른 이론이라고 할 수 있지. 석회는 돌에 잘 붙지 않아서 석회를 많이 쓰면 쓸수록 더 터지기 쉽고, 돌과 맞지 않아 들떠 일어나기 때문에 돌만 따로 돌기 마련이어서 오로지 흙과 겨룰 따름이네. 벽돌은 석회와 연결해 놓으면 부레풀과 나무의 합함이나 모래와 쇠가 닿는 것과 같아서 벽돌이 아무리 많다 해도 한 덩어리로 엉켜서 굳은 성이 되므로 벽돌 한 장의 단단함을 어찌 돌에 비할 수 있겠나마는, 돌 한개의 단단함은 벽돌 만 개의 단단함만은 못한 것이라네. 이를 미루어 생각해 볼 때 벽돌과 돌 중 어느 쪽이 좋고 편리한가는 어렵지 않을 걸세."

라고 하였다. 정 진사는 말 등에서 꼬부라져 떨어질 지경이다. 그는 이미 잠든 지 오래 된 것 같아 부채로 그의 옆구리를 꾹 찌르면서,

"어른이 말씀하시는데 웬 잠을 그렇게 자고 있나?"

하고 큰 소리로 마구 꾸짖었더니 정 진사가 웃으며,

"벌써 다 듣고 있다네. 벽돌이 돌만 못하고, 돌은 잠만 못한 것이네."

라고 한다. 나는 너무 어이도 없고 화가 나서 때리는 시늉을 해 보였지만 웃고 말았다.

시냇가에 이르러 버드나무 그늘 아래에서 땀을 식혔다. 오도하까지는 오 리 만큼 하나씩 돈대가 있었다. 이른바 두대자나 이대자나 삼대자라는 것이 모두 봉화대의 명칭이다. 벽돌은 성처럼 높이가 대여섯 길이나 되게 쌓았는데 동그란 모양이 마치 필통처럼 생겼다. 봉화대 위에는 성첩이 설치되어 있는데, 형편없이 헌 채로 저렇게 내버려 둔 것은 어찌된 일인가. 길을 가다 보면 간혹 널을 돌무더기로 두른 것들이 보인다. 오랫동안 내버려 둔 탓인지 더러 나무의 모서리가 썩은 것도 있다. 뼈가 오래 되어 마르기를 기다려서 불사른다고 한다.

깊 옆에서는 흔히 무덤을 볼 수 있는데, 위가 예리하고 떼를 입히지 않았으며 백양나무를 줄지어 많이 심었다.

길에는 도보로 다니는 사람들이 별로 없는데, 걷는 이는 반드시 어깨 위에 침구의 일종인 포개를 짊어졌다. 이 포개가 없으면 여점에서 재워 주지 않는다고 한다. 안경을 쓰고 길을 가는 사람이 있는데 이는 눈의 정력을 기르기 위함이며, 말을 탄 사람은 전부 검정 비단신을 신었고, 걸어가는 사람은 보통 푸른색의 베신을 신었는데 그는 모두 베를 수십 겹이나 받쳐 만들었다. 그렇지만 미투리나 짚신은 볼 수 없었다.

송참에서 노숙을 했다. 이 곳은 설리참이라 불리기도 하고, 설류참이

라고도 한다. 이 날은 칠십 리를 걸었다. 어떤 이가 말하기를,
"이 곳은 옛날의 진동보입니다."
라고 했다.


### 29일. 맑게 갬.

배로 삼가하를 건넜다. 배는 말구유처럼 생겼으며 통나무를 파서 만든 것인데, 강 양편 언덕에는 아귀진 나무를 세우고 큰 밧줄을 건너질렀다. 따라서 그 줄을 잡아당기면서 따라가기만 하면 배는 자연히 오고 가기 때문에 특별히 상앗대가 필요없다. 말들은 모두 물에 둥둥 떠서 헤엄쳐 건넜다.

다시 배로 유가하를 건넌 뒤 황하장에서 점심을 먹었다. 한낮이 되니 몹시 더워졌다. 말을 탄 채 그대로 금가하를 건너니, 이 곳이 바로 팔도 하로서 임가대와 범가대와 대방신과 소방신 등지는 오 리나 십 리마다 마을이 있었으며, 뽕나무와 삼밭이 무성했다. 올기장은 누렇게 무르익었고 옥수수 이삭은 한창인데, 그 잎을 모조리 베어서 말과 노새의 먹이로 사용하니, 그것은 옥수수 대가 땅 기운을 많이 받게 하기 위함이란다.

지나는 곳마다 관제묘*가 있었으며, 몇 집 건너에는 꼭 커다란 우리 한 채가 있어서 벽돌을 굽게 되어 있었다. 벽돌을 틀에 찍어서 내다 말리는 것으로 전에 미리 구워 놓은 것과 새로 구은 것들이 곳곳에 산더미처럼 쌓여 있다. 이는 벽돌이 일상 생활에 요긴하게 쓰이는 물건이기 때문이기도 하다.

전당포에 잠깐 앉아서 쉬려는데, 주인이 초대하여 따뜻한 차 한 잔을 권한다. 그의 집 안에는 진귀한 물건들이 진열되어 있었다. 시렁 높이

---

**\* 관제묘** 촉한의 장수 관우의 사당.

는 들보에 닿았는데 그 위로는 전당 잡은 물건들이 차례차례로 얹혀 있다. 모두 의복들이다. 보자기에 싼 것들은 종이쪽을 붙인 뒤 물건 주인의 성명과 거주지 등을 쓴 뒤 다시,

"모년 모월 모일에 어떤 물건을 어떤 전당포에 분명히 전해 주었다."

라고 써 두었다. 그 이자는 2할이 넘지 않으며, 약속한 기한에서 한 달이 지나면 물건을 팔아 버릴 권리가 있다.

기둥에 금자로 써놓은 글에는,

"홍범*의 구주에서는 먼저 부를 논했고, 〈대학〉의 십 장에서도 거의 반 정도는 재물을 논하였다."

라고 하였다. 옥수숫대로 교묘하게 누각처럼 만들어 놓고는 그 안에 풀벌레 한 마리를 잡아 넣고 울음소리를 듣는다. 처마 끝에는 새장을 매달아 놓고 이상한 새 한 마리를 기르고 있었다. 이 날 오십 리를 나아가서 통원보에서 노숙했다. 이 곳을 진이보라고 한다.

**7월 1일. 새벽에 큰 비가 내려 떠나지 못함.**

정 진사와 주 주부, 변 군, 내원, 그리고 조 주부 학동들이 소일삼아 술값이나 벌자는 속셈으로 노름판을 벌였다. 그들은 내가 노름에 솜씨가 없다고 끼워 주지 않으면서, 그저 앉아서 구경이나 하고 술이나 마시라고 한다. 속담에 이르는 말처럼, 굿이나 보고 떡이나 먹으라는 말이고 보니, 은근히 화가 났지만 어쩔 도리가 없다. 한 옆에 물러앉아서 노름판 구경이나 하면서 홀짝홀짝 술을 마시는 것도 별로 해롭지는 않은 일이다.

벽을 사이에 두고 이따금 여자의 말소리가 들려온다. 그 소리가 어찌나 가냘프고 아름다운지 꼭 제비나 꾀꼬리가 노래하는 소리 같다. 그래

---

* 홍범 천하의 상도와 치세의 요도를 아홉 가지 범주로 제시한 법령.

서 혼자 마음 속으로,

　'주인집 낭자인 모양이군. 아마 절세의 미인일테지.'

라고 생각하고는 담뱃불을 붙인다는 핑계로 부엌에 들어가 봤더니 나이가 오십도 넘어 보이는 부인이 문 쪽으로 평상을 의지한 채 앉아 있는게 아닌가. 그 모양이 너무 사납고 초라했다. 부인이 나를 보더니,

　"아저씨, 안녕하십니까?"

하고 인사를 건네오기에 나도 얼른,

　"주인께서도 복 많이 받으시기 바랍니다."

하고 대답하고는 괜스레 재를 뒤적이면서 부인의 모습을 훔쳐 보았다. 머리에 꽂은 쪽지는 온통 꽃장식이고, 금비녀와 옥귀고리에 분연지로 살짝 화장을 했는데, 옷은 검은색 긴 통바지에 은으로 만든 단추를 달았다. 발에는 풀과 꽃과 나비를 수놓은 신을 신고 있었다. 다리에는 붕대를 감지 않았고 발에는 코가 짧은 가죽신을 신고 있지 않은 것으로 보아 만주 여자가 아닌가 싶다.

　구슬을 꿰어 발을 만든 주렴을 헤치고 한 처녀가 나왔다. 얼굴을 보니 나이는 스무 남은 살쯤 되어 보이는데 그 여자가 처녀라는 것은 머리를 양쪽으로 갈라서 위로 틀어올린 것으로 보아 알 수 있다. 생김새는 억세고 사나워 보이지만 살결만은 희고 깨끗했다. 쇠양푼을 들고 와서 퍼런 질그릇 속에 수수밥을 수북하게 퍼담더니 다시 그 쇠양푼 속에 물을 붓고 서쪽 벽으로 가서 걸터 앉아 젓가락으로 밥을 먹는다. 반찬은 두어 자쯤 되는 파뿌리와 무슨 잎사귀인데, 그것들을 장에 찍어 밥과 번갈아 씹어먹는다. 처녀의 목에 계란만한 크기의 혹이 하나 달렸는데, 그녀는 밥을 먹고 차를 마시면서도 조금도 부끄러워하지 않았다. 아마도 해마다 조선 사람을 보아 온 탓으로 낯이 익어서 예사롭게 생각하는 듯했다.

　뜰은 수백 칸쯤 되어보이는데 계속된 장마비로 수렁이 되어 있었다.

시냇물에 씻긴 바둑돌이나 참새 알 크기의 조약돌들이 처음에는 필요 없는 물건이었겠지만, 모양과 빛깔이 비슷한 것들을 골라서 봉새처럼 아롱진 모양으로 무늬지게 깔아서 수렁을 막았다. 저들에게 있어서는 버리는 물건이 하나도 없다는 것을 이것으로도 충분히 알 수 있는 일이었다.

이따금 꼬리와 몸통의 털이 모조리 뽑히고 양쪽 겨드랑이의 털까지 뽑혀서 고깃덩어리만 남은 닭들이 절름거리며 돌아다닌다. 이것은 빨리 키우기 위한 방법이기도 하려니와 이가 생기는 것을 막기 위한 방법이란다. 여름에 닭의 꼬리와 날개에 검은 이가 생기면 틀림없이 콧병이 생기고 주둥이에서 물을 토하고 목에 가래 끓는 소리가 나는 것이다. 이런 증상을 계역이라고 한다는데 미리 꼬리와 털을 뽑아서 시원한 기운을 통하게 해 주면 막을 수 있다고 한다. 그러나 그 꼴이 너무 흉측해서 도저히 눈 뜨고 볼 수가 없다.

2일. 새벽에 비가 많이 내렸으나 늦게부터 갬.
시냇물이 불어난 탓에 강을 건널 수 없어 떠나지 못했다. 정사가 내원과 주 주부를 시켜서 시냇물의 늘어나고 줄어듦을 보고 오라 하기에 나도 따라나섰다. 채 몇 리를 못 가 큰물이 앞을 가로막았다. 헤엄을 잘 치는 사람을 시켜 물 속 깊이를 알아보라 했더니 열 발자국도 가지 못해 어깨가 잠기고 만다. 돌아와 이를 정사에게 알리니 걱정하며 역관과 각 방의 비장들을 모두 불러 모아 물 건널 방법을 말하라고 한다. 이 때 부사와 서장관도 함께 참석했는데 부사가,
"문짝과 수레를 빌려서 뗏목을 만들어 건너면 어떻겠소?"
하고 의견을 낸다. 이에 주 주부가,
"그거 정말 좋은 생각이옵니다."
라고 하자, 수역관이 이에 대해,

"문짝이나 수레는 뗏목을 만들만큼 많이 구할 수가 없을 것입니다. 보아하니 이 부근에 집을 짓기 위해 쌓아 둔 재목 십여 칸분이 있는 것을 보았는데, 그것들은 구할 수 있겠지만 그것들을 얽어맬 칡덩굴을 구하는 게 문제입니다."

하고 의견을 내 놓는다. 그러자 여러 가지 의견이 분분하다. 그래서 내가,

"뭐 그렇게 뗏목을 맬 것까지 있겠소. 작기는 하지만 내가 한두 척의 마상이를 가지고 있는데, 노도 있고 상앗대도 모두 갖추었소. 그런데 다만 한 가지가 없소."

하고 말했더니 주 주부가,

"그래요? 그 없다는 것이 무엇인지요?"

하고 묻는다. 내가,

"그것을 잘 저을 사공이 없다는 것이오."

하고 말하자 모두들 허리를 잡고 웃는다.

주인은 몹시 거칠고 멍청해서 눈을 크게 뜨고 봐도 고무래 '정(丁)' 자도 모를만큼 무식해 보였지만, 오히려 책상 위에는 〈양승암집〉이라든가 〈사성원〉 같은 책들이 놓여 있다. 길이가 한 자도 넘을 것 같은 짙은 남색 자기병에는 명나라 희종 때의 이부 상서를 지낸 조남성의 철여의가 비스듬히 꽂혀 있고, 운간 호문명이 만든 납다색의 작은 향로하며 그 밖의 의자라든가 탁자·병풍·장자 같은 것들이 모두 그럴듯 해서 시골의 궁색한 티라고는 전혀 찾아볼 수 없다. 그래서 내가,

"주인장의 살림살이가 넉넉해 보이는군요?"

하고 물었더니 그는,

"일 년 내내 부지런히 일해 모아도 가난에서 못 벗어날 지경이지요. 만약 귀국의 사신 행차가 아니였더라면 당장 살아갈 길이 막막했을 겁니다."

하고 말한다. 내가 다시,

  "자식들은 몇이나 두시었는지요."

하고 물었더니 그는,

  "도둑 하나가 있는데 아직 뜻을 이루지 못했습니다."

하고 대답한다. 그래서 의아스러워 다시 물었다.

  "그게 무슨 뜻이오. 도둑 하나가 있다니요?"

  "예, 도둑도 딸 다섯 둔 집에는 들어오지 않는다고 하지 않습니까?
  그러니 이야말로 집안의 좀도둑이 아니고 뭐겠습니까."

라고 한다.

  오후에는 밖으로 나가 바람을 쏘였다. 그 때 수수밭에서 총 소리가
나자, 주인이 급히 뛰어간다. 내가 따라나가 보았더니 밭 속에서 한 남
자가 한 손에는 총을 들고 또 한 손에는 돼지 뒷다리를 끌고 오더니 주
인을 흘겨보며,

  "왜, 돼지를 풀어 놓아 남의 밭에 들여보내는 거요?"

하고 화가 나서 외친다. 주인은 그저 미안하여 공손히 사과할 따름이
다. 그러자 사나이는 피가 뚝뚝 흐르는 돼지를 끌고 가버렸다. 주인이
못내 섭섭한 듯 그 자리에 우두커니 서서 한탄만 거듭 하기에 내가,

  "저 사람이 끌고 간 돼지가 뉘 집서 먹였던 돼지인가요?"

했더니 주인은,

  "우리 집에서 기르던 것입니다."

라고 한다. 내가 다시,

  "그렇다면 주인장이 잘못하여 남의 밭에 좀 들어갔다 하더라도 수숫
  대 하나 상하게 한 것이 없는데 어찌하여 그 사람이 제멋대로 남의
  돼지를 잡아 죽인단 말입니까. 주인장께선 마땅히 그 자에게 돼지 값
  을 물어 내달라고 해야 하지 않습니까?"

하고 말하니까 주인이 말하기를,

"돼지 값을 물어 달라니요. 돼지우리를 잘 단속하지 못한 건 이쪽인 걸요."

하고 말한다. 이는 아마 청나라 제4대 황제인 강희제가 농사를 매우 소중히 여겨 법을 정하기를, 말과 소가 남의 밭의 곡식을 짓밟으면 두 배로 물어 주어야 하며, 함부로 말과 소를 놓아 기르는 자는 곧장 육십 대의 벌을 받아야 하고, 양이나 돼지가 밭에 들어갈 때는 그 주인은 감히 내가 주인이라고 하지 못한다. 그러나 오직 수레만은 자유롭게 다닐 수 있다. 만약 길이 수렁이 되면 어쩔 수 없이 밭 이랑 사이로 수레를 끌고 들어가기 쉬우니 밭 주인은 언제나 길을 잘 닦아서 밭을 지키는 데 애를 써야 한다고 한다.

마을 주변에는 벽돌 굽는 가마가 둘 있었다. 그 중 하나는 거의 굳어서 아궁이에 흙을 이겨 붙이고 수십 통의 물을 길어다가 연방 가마 위에 붓고 있었다. 가마 위가 움푹 패어서 아무리 물을 부어도 넘쳐 흐르지 않았다. 한창 달아오른 가마에 물을 부으면 금새 마르기 때문에 가마가 달아서 터지지 않게 하기 위해 물을 붓고 있는 것 같았다. 다른 가마 하나는 벌써 다 구워서 식어 버렸기 때문에 가마에서 벽돌을 떼어내고 있었다. 그런데 중국의 이 벽돌 가마 제도와 우리 나라의 기와 가마 제도는 사뭇 다르다. 먼저 우리 나라 기와 가마의 좋지 않은 점부터 살펴야 그 차이점을 좀더 잘 이해할 수 있을 것 같다. 우리 나라의 기와 가마는 눕혀 놓은 아궁이와 같기 때문에 엄밀히 말하자면 가마라고 할수는 없는 것이다. 이는 처음부터 가마를 만드는 데 필요한 벽돌이 없었기 때문인데, 그 대신 나무를 차곡차곡 세워 놓고 아궁이를 흙으로 바른 뒤 큰 소나무를 연료로 이것을 말리는 것이다. 그러나 우리 나라 기와 가마는 비용이 많이 들 뿐아니라 아궁이가 길고 높지 않아 불이 위로 타오르지 못하기 때문에 불기운이 약하고, 힘이 없어서 항상 소나무 가지를 때서 불기운을 돋우어야 한다. 그런데 솔 가지를 때서 불꽃

을 돋우려면 불길이 고르지 못한 약점이 있어서 가까이에 놓인 기와는 그 모양이 이지러지기 일쑤며, 먼 뎃것은 잘 구워지지 않기 쉽다. 자기를 굽거나 옹기를 굽거나 어느 때를 막론하고 요업의 방식이 모두 이와 같으니 솔 가지를 때는 방법도 역시 마찬가지이다.

4일. 어젯밤부터 비가 너무 많이 내려서 〈양승암집〉도 보고 바둑도 두면서 심심풀이로 소일했다. 부사와 서장관이 상사의 처소로 불러 모으고는, 물을 건너갈 방법을 의논했지만 특별한 묘책이 없는 모양이다.

5일. 맑게 개었으나 물에 막혀서 또 하루를 묵음.
주인이 방고래를 열고 기다란 가래로 재를 긁는다. 그래서 그 기회에 구들 제도를 대략 엿볼 수 있었다. 한 자 높이 가량 구들바닥을 쌓아서 반반하게 한 다음, 벽돌 부순 것들을 바둑돌 놓듯이 굄돌로 하고 그 위에 벽돌을 깔았을 뿐이다. 벽돌의 두께가 똑같아서 깨뜨려서 굄돌로 사용해도 높낮이의 기울음이 없다. 원래 벽돌의 생김새가 규격이 일정하여 나란히 깔아 놓기만 하면 틈이 생길 리가 없다. 구들 고래의 높이는 겨우 손이 들어갈 정도이고, 굄돌은 서로 번갈아 괴어져 불목이 되어 있다. 불길이 불목에 이르면 빨려들 듯 넘어가므로 불꽃이 불목을 메우듯 세차게 들어가 버린다.

그리하여 여러 불목이 서로 빨아들이므로 다시 도로 나올 사이도 없이 빨리 굴뚝으로 빠져나간다. 굴뚝의 높이는 한 길이 넘는데 이것이 바로 우리가 말하는 개자리다. 불꽃은 언제나 재를 몰고 가서 고래 속에 가득 남기기 때문에 삼 년에 한 번쯤은 고랫목을 열고 재를 치워줘야 하고, 부뚜막은 큰 항아리 크기만큼 땅을 파고 돌 덮개로 그 위를 덮어서 봉당 바닥과 같은 높이를 이루어야 한다. 이렇게 하면 그 움푹 패인 곳에서 바람이 일어나 불길을 불목으로 몰아 넣게 되므로 조금도 연기가 새어나오지 않는다.

굴뚝을 만드는 방법으로는 큰 항아리 크기만한 땅을 파서 그 곳에 돌처럼 벽돌을 쌓아올린다. 높이를 지붕과 비슷하게 하므로 연기가 그 항아리 속으로 빨려 들어가서 서로 끌어당기듯 빨아들이듯 한다. 이것이 가장 묘하다. 대체로 굴뚝에 틈이 생기면, 약한 바람에도 아궁이의 불은 꺼지는 법이다. 그런데 우리 나라 온돌은 항상 불을 때도 방이 고루 덥지 않은 결점이 있다. 그 잘못은 모두 굴뚝을 만드는 방식에 있다.

싸리로 엮은 장롱에 종이를 바르고, 나무 판자로 통을 만들어 굴뚝을 세운다. 그러나 처음 세운 굴뚝은 발라 놓은 흙에 틈이 생기거나 붙였던 종이가 떨어져 나가면 연기가 새는 것을 막을 수가 없게 된다. 그래서 바람만 크게 불면 연통은 있으나마나 아무 소용이 없게 된다. 나는,

"우리 나라 사람들은 비록 집안이 가난하다 하더라도 글을 읽는 것을 몹시 좋아하여 겨울이 되면 수많은 형제들이 코끝에 고드름을 달고 있을 지경이지. 그러니 이 구들 놓는 법을 배워 가서 삼동의 그 고생을 면하게 해주었으면 좋겠구려."

하고 말했더니 변계함이 그 말을 듣고 이렇게 말했다.

"이 곳의 구들은 이상해서 우리 것만 못할 것 같소."

"그 이유가 무언가?"

"아무렴 기름 장판지 넉 장을 반듯하게 깐 것처럼, 그 빛이 화제*와 같고 반들거리기가 수골과 같을 수 있겠소."

"이 곳의 벽돌 장판이 우리 나라의 종이 장판만 못하다는 것은 그럴싸한 이야기이네. 그렇지만 이 곳의 구들 놓는 법을 배워 가서 우리 나라의 온돌 놓는 방법을 고치고 그 위에 기름 먹인 장판지를 까는 것을 누가 감히 막을 수 있겠나. 우리 나라의 온돌 놓는 방법에는 여

---

* 화제　운모의 일종으로 붉은 빛이 남.

섯 가지 단점이 있네. 아무도 이를 고치려는 사람이 없으니 내가 연습삼아 한 번 해볼 테니, 조용히 들어 보게나. 진흙을 이겨 돌을 쌓고 그 위에 구들을 얹어 만드는 것이 우리 나라 온돌인데, 돌의 크기와 두께가 처음부터 고르지 않아서 조약돌을 괴어 그 기울어짐을 막으려 하나 돌이 불에 달구어지고 흙이 마르게 되면 쉽게 허물어지는 것이 그 첫 번째 단점이고, 돌의 생김새가 울퉁불퉁하여 움푹 팬 데는 흙으로 메워서 평평하게 만드는데 그 때문에 불을 때도 오히려 고루 덥지 못하게 됨이 두 번째 단점이며, 불고래가 높아서 불길이 서로 어울리지 못함이 세 번째 단점이요, 벽이 엉성하고 얇아서 쉽게 틈이 생기고, 그 때문에 바람이 새고 거꾸로 연기가 방 안으로 새어 들어가는 것이 네 번째 단점일 것이며, 불목이 목구멍처럼 생기지 않아서 불길이 땔감 끝에서만 남실거릴 뿐 빨리 안으로 빨려 들어가지 못하는 것이 다섯 번째 단점이며, 새로 놓은 구들장과 방을 말리려면 땔감이 너무 많이 들고, 열흘 안에는 입주하지 못하는 것이 여섯 번째 단점이라 하겠네. 그러나 이 곳에 구들은 벽돌 수십 개만 깔아 놓으면, 자네와 웃고 이야기하는 사이 곧 몇 칸의 온돌이 완성되어 누워 잘 수 있으니 얼마나 편리한가."

하고 설명해 주었다. 저녁에는 여럿이 술을 몇 잔 나누다가 밤이 깊어서야 술에 취해 돌아와서 자리에 들었다. 내 방은 정사의 맞은편 방이긴 하나, 중간에 휘장을 쳤을 뿐이다. 정사는 벌써 깊은 잠에 빠지고, 나는 혼자 담배를 피워 물고는 정신이 몽롱해 있는데, 별안간 머리맡에서 발소리가 들린다. 내가 깜짝 놀라,

"누구냐?"

하고 버럭 소리를 질렀더니,

"도이노음이오."

하고 대답한다. 말소리가 하도 수상해서 나는 다시,

"이놈, 누구냐?"

하고 거듭 소리를 치니까,

"소인 도이노음이오."

하면서 대답하므로 시대와 상방에 있던 하인들이 모두 놀라 깨었다. 곧이어 밖에서 뺨을 때리는 소리가 들리고 덜미를 잡고 문 밖으로 끌어내는지 어수선하다. 이것은 매일 밤 우리 일행이 숙소를 순찰하면서 일행의 수를 헤아렸던 것이지만 우리가 깊이 잠든 후여서 지금까지 모르고 지냈던 것이다. 갑군이 제 스스로 '도이노음'이라 한 것은 더욱 포복절도할 일이다. 우리 나라 말로 오랑캐를 '되놈'이라 하니, 이것은 '도이'의 준말이고, '노음'은 지체가 낮고 천한 이를 가리키는 말이며, '이오'는 지체가 높은 윗어른에게 여쭈는 말이다. 갑군이 오랫동안 사신들을 수행해 왔기 때문에 나름대로 우리 나라 말을 배우기는 했지만, '되'라는 말이 귀에 익었기 때문이라. 한바탕의 실랑이가 벌어진 바람에 잠이 달아나기도 하였거니와 벼룩에 시달려 잠을 이룰수가 없다. 정사도 잠을 못 자고 촛불을 켠 채 날을 밝혔다.

### 6일. 맑음.

시냇물이 조금 줄어서 길을 재촉했다. 나는 정사의 가마에 함께 탔는데 하인 삼십여 명이 맨몸으로 가마를 메었다. 강 한가운데 이르자 물살이 세어지면서 가마가 갑자기 왼쪽으로 기우뚱 기울어져 하마터면 떨어질 뻔했다. 실로 형세가 위급했을 때 정사와 서로 부둥켜안음으로써 겨우 물에 빠지는 것만은 면했다.

강을 건너 언덕에 올라 물을 건너오는 사람들을 바라보니 사람의 목을 타고 건너기도 하고, 양쪽에서 부축하여 건너오기도 하며, 떼를 엮은 나무 위에 올라탄 것을 네 사람이 어깨를 메고 건너기도 한다. 말을 타고 물 위에 떠서 건너는 사람들은 허리를 쳐들어 하늘만 바라보거나 두 눈을 꼭 감기도 하고, 억지로 웃음을 짓기도 한다. 하인들이 모두 안장을 끌러서 어깨에 메었는데 행여 그것들이 젖을까 염려가 크다.

그런데 이미 건너왔다 다시 건너가려는 사람들이 무엇인가 어깨에 짊어지고 물에 들어가기에 그 까닭을 물었더니,

"맨몸으로 물을 건너면 몸이 가벼워서 떠내려가기 쉽지요. 그래서 무거운 것으로 어깨를 누르는 것이랍니다."

라고 한다.

몇 번 건너 왔다 건너 갔다 한 사람들은 모두 몸을 부들부들 떨고 있다. 산 속의 물이어서 몹시 차기 때문이었다.

초하구에서 점심을 먹었다. 논골이라고 하는데 이 곳은 언제나 진창이어서 우리 나라 사람들이 그렇게 이름을 지었다고 한다. 분수령, 고가령, 유가령을 넘어 연산관에 이르자 그 곳에서 묵기로 했다. 이 날은 육십 리를 걸었다.

밤에 조금 취하여 잠시 잠이 들었는데, 심양 성중에 가 있었다. 궁궐과 성터, 민가와 시정들이 몹시 번화하고 웅장해서 나는 스스로,

"이 곳이 이처럼 훌륭한 경치를 이루고 있는 줄은 상상도 못했다. 내가 집에 돌아가면 본 대로 자랑해야지."

하고는 훨훨 날았다. 산과 물이 모두 내 발 밑에 있는데 나는 소리개처럼 날쌨다.

눈깜짝할 사이에 야곡*의 옛 집에 이르러 안방 창 밑에 앉았더니 형님께서,

"심양*은 어떠하더냐?"

하고 물으시기에 내가,

"듣던 것보다 훨씬 나았습니다."

---

＊야곡　연암의 집안이 대대로 살아왔던 곳.
＊심양　중국 요동성의 도시. 청나라 초기의 수도.

하고 말했다. 그리고는 그 곳의 아름다움을 수없이 자랑했다. 남쪽의 담장 밖을 내다보았더니 옆집의 회나무 가지가 무성하게 우거졌는데, 그 위로 큰 별 하나가 몹시 빛나고 있었다. 나는 형님에게 물었다.

"저 별을 아십니까?"

"글쎄, 이름도 모르겠구나."

"저 별은 노인성입니다."

하고 말하고는 일어나서 형님께 절하고,

"제가 잠깐 이렇게 집에 돌아온 것은 심양에 대해 자세히 이야기 해 드리기 위해서인데, 이제 갈 길이 바빠 하직해야 하겠습니다."

하고 안문을 나와서 마루를 지나 사랑의 일각문을 열고 나섰다. 머리를 돌려서 북쪽을 바라보니 서울 서쪽에 있는 길마재* 여러 봉우리가 우뚝 우뚝 얼굴을 내민다. 그 때야 스스로 깨닫고,

"아, 참으로 내가 바보군. 내가 홀로 어떻게 그 책문을 열고 들어갈 수 있단 말인가. 여기서 책문까지는 천여 리나 떨어져 있는데 누가 나를 위해 기다리며 머물고 있겠나."

하고 큰 소리로 외쳤다. 너무 안타까워 문을 열고 밖으로 나가려고 했지만 돌쩌귀가 너무 빡빡해서 열리지 않는다. 큰 소리로 장복을 부르려고 했지만 입 밖으로는 소리가 나오지 않는다. 할 수 없이 있는 힘을 다해 문을 박차는데 잠을 깼다. 때마침 정사가 ,

"연암."

하고 불렀다. 내가 어리둥절해서,

"여기가 어디요?"

하고 물었더니 정사가,

"가위에 눌린 지 오래 되었소."

---

* 길마재  무악재의 옛이름.

하고 말했다. 일어나 앉아서 이를 맞부딪쳐 보기도 하고 머리를 두드려 정신을 가다듬었다. 그제야 비로소 머리가 맑아졌다. 그러나 한편으로는 섭섭하기도 하고, 또 한편으로는 기껍기도 하여 한참 동안이나 마음이 뒤숭숭했다. 다시 잠들지 못하고 이리저리 뒤척이며 공상에 잠겼다가 그만 날이 밝는 줄도 몰랐다.

### 7일. 맑음.

이 리를 행진하고는 말을 탄 채 물 위를 그대로 걸어갔다. 강은 비록 폭이 넓지 않았으나, 물살이 세기는 어제 건넌 곳보다 더한 듯했다. 무릎을 움츠리고 두 발을 꼭 모아 안장 위로 옹송그리고 앉았다.

창대는 말머리를 부여안고 장복은 온 힘을 다하여 내 엉덩이를 부축하며 서로 목숨을 의지하여 잠시 동안의 행복이나마 마음 속으로 축원할 따름이다. 말을 모는 소리마저 '오호' 하니 몹시 서글프게 느껴진다. 말이 강 한가운데에 이르자, 별안간 말의 몸이 왼쪽으로 기울어진다.

보통 물이 말의 배에까지 차면 네 발굽이 절로 떠올라 누워서 건너게 되는 것 같다. 내 몸도 나도 모르는 사이에 오른쪽으로 쏠리더니 하마터면 물에 빠질 뻔했다.

마침 앞에 있는 말의 꼬리가 물 위로 떠있기에 그것을 보고 빨리 붙잡아 몸의 균형을 잡고 고쳐 앉음으로써 겨우 떨어지는 것을 면할 수 있었다. 나 스스로도 내 자신이 그토록 재빨리 행동할 줄은 생각지 못했다. 창대도 말다리에 채여서 하마터면 일을 치를 뻔했으나, 말이 얼른 머리를 쳐들며 몸을 바르게 가누자 물이 점점 얕아지면서 발이 땅에 닿게 되었다는 것을 알 수 있었다.

마운령을 넘어서 천수참에 이르러 점심을 했는데, 오후가 되자 몹시 무더워졌다. 청석령을 넘는 고갯마루에 관우의 영을 모신 관제묘가 있는데 그 곳이 성스럽게 느껴진다면서 역부와 마부들이 다투어 제단 앞에 다가가 절을 하거나 참외를 사서 바치기도 한다. 또 역관들 중에는 향을 피우고 제비를 뽑아 평생 신수를 점쳐 보는 이도 있었다. 한 도사가 스님의 공양 그릇인 바리때를 두드리며 돈을 구걸한다.

머리를 깎지 않고 상투를 틀어 뭉친 도사의 모양이 우리 나라의 환속한 중 같다. 머리에는 등립을 쓰고, 몸에는 야견사 도포 한 벌을 입은 것이 우리 나라 선비들의 복장과 같은데, 검은빛 나는 넓적한 옷깃이 다를 뿐이었다.

다른 도사들은 참외와 달걀을 파는데, 참외는 달고 물이 많으며 달걀은 맛이 삼삼했다. 밤에는 낭자산에서 묵었다. 이 날은 큰 고개를 둘이나 넘어 팔십 리를 걸었다.

마운령은 회령령이라고도 하는데 높이와 가파름이 우리 나라 관북의 마천령과 못지않다고 한다.


8일. 맑음.

정사와 가마를 같이 타고 삼류하를 건넌 뒤 냉정에 이르러 아침을 먹었다. 십 리쯤 가서 산마루 하나를 접어드는데, 태복이가 갑자기 말 앞으로 달려나오더니 땅에 몸을 엎드리며 큰 소리로,

"멀리 백탑이 보인다고 아뢰옵니다."

하고 외친다.

태복은 장 진사의 마두이다. 아직 산마루에 가려서 백탑이 보이지 않기에 재빨리 말에 채찍질하여 수십 보를 가지 않아 모롱이를 벗어나자, 안광이 어른거리더니 별안간 한 덩이의 검은 공이 오르내린다. 내 오늘에 와서야 처음으로, 원래 인생이란 아무것도 의탁할 것이 없으며 그저 머리에는 하늘을 이고 발로는 땅을 밟으며 떠돌아다니는 존재라는 것을 깨달았다.

말을 세우고 사방을 둘러보는데, 자신도 모르는 사이에 손을 들어 이

마에 얹으며,

"참으로 알맞은 울음터로다. 정말 한번 울어 볼 만하구나."

하고 말하니 정 진사가,

"천지간에 이렇게 큰 안계를 만났는데 갑자기 울고 싶다니, 무슨 말씀인가요?"

라고 묻기에 나는 이렇게 대답했다.

"나는 그렇소. 천하의 영웅들은 잘 울고 미인은 눈물이 많다고 하지만, 그들은 소리없이 몇 줄기의 눈물만 흘렸기 때문에 천지에 가득 찬 웃음소리로 금이나 석으로부터 나오는 듯한 울음소리를 듣지 못하였던 것이오. 사람들은 다만 칠정* 중에서도 슬플 때에만 우는 것이 울음인줄 알지, 칠정의 모든 정에서 울 수 있는 울음을 모르는 탓이오. 사실상 사람은 기쁨이 북받쳐도 울게 되고, 노여움이 치밀어도 울게 되며, 사랑이 그리워도 울게 되고, 욕심이 지나쳐도 울게 되는 것이요, 불만과 억울함을 푸는 데 있어 우는 것보다 더 빠른 것이 없다오. 그기에 울음이란 천지간에 있어서 우렛소리와도 같은 것이요. 지정이 우러나오는 곳에서는 이렇게 되는 것이 자연적으로 이치에 맞는 것인데 울음이 웃음과 다를 게 뭐가 있겠소. 인생은 평범한 감정으로는 이러한 극치를 겪지 못하고, 교묘히 칠정을 늘어놓기는 하나 슬픔에는 울음을 대신하였으므로, 이로 인하여 상사를 당했을 때는 억지로 '에고' '어이' 등의 소리를 외쳤으나, 진정한 절정에서 우러나오는 지극하고도 참된 소리는 참고 눌러서 저 천지 사이에 서리고 엉겨서 감히 나타내지 못하오."

"지금 이 울음터가 저렇게 넓으니, 나도 응당 신과 더불어 한번 실컷 울어야 할 것이지만 우는 이유를 칠정 중에서 찾는다면 어느 정에 해

---

**＊칠정** 〈예기〉에서 말한 일곱 가지 감정. 곧 희·노·애(哀)·구·애(愛)·오·욕을 말함.

당되겠는지요?"

"저 갓난아기에게 물어 보시오. 아기가 처음 태어날 때 느낀 정이 어떤 정이었느냐고. 아기는 해와 달을 먼저 보고, 다음으로 부모와 친척들이 많이 모여 있음을 보았으니 어찌 기쁘지 않겠소. 이런 기쁨이 늙어서까지 변함 없다면, 원래 슬퍼하고 노여워할 까닭도 없거니와, 마땅히 즐겁게 웃어야 할 정이 있어야 하겠지요. 그렇지만 자주 울부짖기만 할 뿐만 아니라 가슴에 원한이 사무친 듯하는 것은, 사람은 결국 죽어야 하고, 또 그 때까지 모든 근심과 걱정을 고루 겪어야 하기에, 그 아기가 태어난 것을 후회하여 스스로 울음을 터뜨리고 스스로를 조상하는 것이라고 생각하지 않소? 그러나 갓난아기의 본래의 정이란 결코 그런 것이 아닐 것이오. 그가 어머니의 태중에 있을 때는 캄캄한 속에 갇히고 막혀 갑갑하게 지내다가, 갑자기 넓고 밝은 곳으로 빠져나와 손을 펴고 발을 뻗으므로, 아기의 마음이 시원할 것인즉 어찌 한 마디 참 목소리로 마음껏 외치지 않겠소. 우리는 마땅히 저 갓난아기의 거짓 없는 소리를 본받아 저 비로봉의 산마루에 올라 동해를 바라보며 한바탕 울 만하고, 장연 바닷가의 금모래밭을 거닐며 한바탕 울 만도 한 것이오. 요즈음 요동 벌판인 이곳에서 시작하여 산해관까지 천 이백 리 길 그 사방에는 한 점의 산도 없이 하늘 끝과 땅 끝이 마주 닿은 곳을 아교풀로 붙여 놓은 듯, 실로 꿰메 놓은 듯 고금에 오고가는 비구름만이 가득할 뿐이니 이 또한 한바탕 울어 볼 만한 곳이 아니겠소."

한낮이 매우 무더워서 말을 달려 고려총의 아미장을 지난 후부터 두 길로 나누어 갔다. 나는 조 주부 달동과 변 군, 내원 및 정 진사와 하인 이학령과 같이 옛 요양에 들어섰다.

그 번화하고 웅장화려함이 봉황성에 비해 열 배나 더했다. 그에 대해서는 다른 곳에서 〈요동기〉를 쓰기로 한다.

9일. 맑고 매우 더웠음.

새벽의 서늘한 틈을 타서 먼저 길을 출발하여 장가대와 삼도파를 지나 난니보에 이르러 점심 식사를 했다.

요동 땅에 들어서면서부터는 마을이 끊이지 않고 길의 넓이가 수백 보에 이르며 길 양편에는 수양나무를 즐비하게 심어놓았다. 집이 쭉 늘어선 곳의 마주 선 문과 문 사이에는 장마 때에 물이 괸 탓으로 여기저기 자연히 큰 못이 이루어졌다.

집집마다 기르고 있는 거위와 오리 떼가 수없이 그 못 위에 떠다니고, 길 양 옆의 시골집들은 모두가 물가의 누대처럼 붉은 난간과 푸른 헌함이 좌우에 영롱한 것이 강호 시절을 생각을 나게 한다. 군뢰가 세 번의 나발을 불고 난 후에 몇 리를 앞서가면, 전배의 군관이 군뢰를 따라서 먼저 출발한다.

나는 행지가 자유롭기 때문에 항상 변 군과 더불어 서늘할 때를 기다렸다가 새벽에 출발했으나 채 십 리도 못가서 전배가 뒤쫓아와서 만나게 되었다. 그들과 말고삐를 나란히 하고는 재미있는 이야기와 농담을 주고받으며 날마다 이렇게 행진하였다.

마을이 가까워질 때마다 군뢰는 나발을 불었고 네 사람은 권마성을 합창했다. 그러면 집집마다 여인네들은 문이 가득 차도록 뛰어나와 구경을 하는데 늙거나 젊거나 간에 옷차림은 거의 비슷했다.

머리에는 꽃을 꽂고 귀에는 귀걸이를 했으며 화장은 살짝 한듯 만듯 하였다. 입에는 하나같이 담뱃대를 물었고, 손에는 신바닥에 대는 베와 바늘과 실을 들었으며, 어깨를 비비면서 손가락질들을 해 가며 깔깔거리고 웃는다.

한나라 여자는 이 곳에서 처음 보았는데, 발을 감고 궁혜를 신었는데 아름다움은 만주 여자보다 못했다. 만주 여자 중에는 아름다운 여자가 많았다. 만보교, 연대하, 산요포를 지나 십리하에서 묵었다. 이 날은 오십 리를 걸었다.

비장과 역관들이 말등에 앉아서, 맞은편에서 이쪽을 향해 오는 한나라 여자와 만주 여자 중에서 저마다 첩 하나씩을 결정하는데, 만약에 남이 먼저 차지했다면 또다시 정하지 못하는 것이 전례로서 법이 몹시 엄격했다.

이것을 구첩이라고 하여 가끔 서로 시샘도 하고 화도 내며 욕을 하기도 하고 웃고 떠들기도 하는데, 이것도 먼 길에는 심심풀이의 하나인 것이다. 내일은 곧바로 심양으로 들어갈 예정이다.


## 성경에서

가을 7월 10일. 비가 오다 곧 맑음.

일찍 십리하에서 출발하여 판교보까지 오 리, 장성점 오 리, 사하보 십 리, 폭교와자 오 리, 전장포 오 리, 화소교 삼 리, 백탑보 칠 리를 모두 합하여 사십 리를 나아가 백탑보에서 점심을 먹은 뒤에, 또 일소대까지 오 리, 홍화포가 오 리, 혼하 일 리 그리고 혼하를 배로 건너서 심양까지 구 리, 합하여 이십 리 길이니 이 날은 모두 육십 리를 갔다. 저녁에는 심양에서 묵었다.

이 날은 몹시 무더웠다. 요양성 밖을 둘러보니 숲이 울창하게 우거지고 새벽 까마귀 떼가 들녘을 날아다니는데 한 줄기 아침 연기가 하늘 저편에 짙게 끼었으며 붉은 해가 솟아오르자 안개가 곱게 피어 올랐다.

주위를 둘러보니 넓은 벌판에 거칠 것이라곤 아무것도 없다. 아아, 이 곳이 바로 옛 영웅들이 수없이 싸우던 곳이로구나. '범이 달리고 용이 날아다닐 때 높고 낮은 것은 내 생각에 달렸다'는 옛 말도 있으나, 천하의 안위가 이 요양의 넓은 들판에 달렸으며, 이 곳이 편안하면 세상 풍파도 잠잠하고 이 곳이 한번 시끄러워지면 세상의 싸우는 북소리도 요란스레 울리니 이것은 무엇 때문인가. 평평한 벌과 드넓은 들녘이 한눈에 보여 천 리가 트인 것 같은 이 곳을 지키려니 힘이 들고, 버리자니 오랑캐가 쳐들어와 방어할 수 없어 중국으로서는 천의 병력을 기울여서라도 이 곳을 지켜야 천하가 편안하다 할 것이었다.

이제까지 백여 년 동안 아무 탈이 없었음은 그들의 덕화와 정치가 전대보다 더 나았음이며, 심양은 원래 청이 일어난 자리에서 동쪽으로는 영고탑과 마주하고, 북쪽으로는 열하를 끌어 품었으며, 남쪽으로는 조선을 감싸고 있어 보이는 곳마다 완벽을 기해서 그 역대에 비해 훨씬 좋았기 때문이다.

요양에 들어서면 뽕나무와 삼밭이 가득한데 개와 닭 우는 소리가 끊이지 않는다. 백여 년 동안 아무 사고가 없었으니 청의 황제는 오히려 걱정이 없어 걱정할 지경이었다.

몽고의 수레 수천이 심양으로 벽돌을 실어 나르는데 소 세 마리가 수레 하나를 끈다. 그 소는 흰 빛에 푸른 빛이 나기도 하는데 찌는 무더위에 힘에 겨운 짐을 끄느라고 코에서 피까지 흐른다. 몽고 사람들의 코는 오뚝하고 눈이 움푹 패여서 험상궂게 보이고 사납고 날쌘 모양이 사람 같지 않아 보인다. 거기에 옷과 모자는 땟국이 줄줄 흐르는데도 버선은 꼭 신고 다닌다.

우리 하인들이 정강이를 내놓고 다니자 이상스럽게 바라본다. 우리 말몰이꾼들은 해마다 몽고 사람들을 만나보았기에 그들의 성격을 잘 알고 서로 농담까지 하며 길을 간다. 채찍 끝으로 그들의 해진 모자를 벗겨 길가에 던지도 하고, 공처럼 차 버리기도 한다. 그러나 몽고인들은 화를 내지 않고 부드러운 말씨로 오히려 웃으면서 돌려 달라고 부탁한다. 하인들은 그들의 벙거지를 벗기고는 밭 가운데로 쫓기는 체 달아나다가 갑작스럽게 몸을 돌이켜 그들의 허리를 잡고 다리를 걸어차면 틀림없이 넘어지고 만다. 그리고 가슴에 올라앉아 입에 흙먼지를 집어 넣으면 되놈들은 수레를 멈추고는 이 광경을 보고 한바탕 웃는다. 밑에 깔렸던 몽고인도 따라 웃으며 일어나서 입을 닦아 내고는 벙거지를 털어 쓰고 다시 덤벼들지는 않는다.

길에서 수레 하나를 만났는데 일곱 사람이 타고 있었다. 붉은 옷을 입었고 쇠사슬로 어깨와 등을 얽어매어서 목덜미에 채웠는데, 한쪽 끝은 손에 매고 한쪽 끝은 다리에 묶었다. 이들은 금주위의 도둑으로서 사형시킬 것을 한 등급 감하여 멀리 흑룡강 수자리 터로 귀양을 보내는 것이라고 한다. 그들의 입과 눈의 모양새는 무서워 보였으나, 수레 위에서 서로 웃고 떠들면서 괴로워하는 표정 따위는 찾아볼 수가 없다.

수백 필의 말 떼가 길을 휩쓸며 지나는데 맨 끝의 사람은 좋은 말을 타고 손에 수숫대 가지 하나를 쥔 채 말 떼의 뒤를 따라간다. 말들은 굴레와 고삐도 없이 뒤를 한 번씩 보며 걸어간다.

탑보에 이르니 탑은 마을 한가운데 우뚝 솟아 있는데 높이가 이십 여 자에 십삼 층 여덟 모 탑이다. 층마다 동그란 네 개의 문이 열려 있고, 말을 타고 그 안으로 들어가서 올려다보니 어릿어릿했다. 뒤돌아 나오자 일행은 벌써 사관에 들어갔다. 후담으로 뒤쫓아 들어가니, 주인의 턱 밑에서 갑자기 강아지 소리가 나서 깜짝 놀라 주춤거렸더니 주인이 웃음을 띠며 앉으라고 권한다. 긴 수염이 희끗희끗한 늙은 주인은 방 안에 있는 나지막한 걸상에 오뚝 걸터앉았다.

창 밖에는 의자를 마주하고 한 할멈이 앉아 있는데 머리 위에는 붉은 접시꽃 한 송이를 꽂았다. 옷은 짙푸른빛에 복숭아꽃 무늬가 놓인 치마를 입었다. 할멈의 품 속에서 강아지가 사납게 짖어 대자 주인 영감이 가슴 속에서 토끼만한 삽살강아지 한 마리를 천천히 끄집어 냈다. 털은 한 치나 길어 보이며 눈길이 온통 희고, 등은 옅은 푸른 빛깔이며 눈은 노랗고 입가는 불그스름했다. 그러자 할멈도 옷자락을 벌려 강아지 한

마리를 꺼내 내게 보이는데 털빛은 다 똑같았다. 할멈이 웃으면서 말하기를,

"손님, 이상하게 생각하지 마세요. 우리 할멈과 영감이 아무 일도 없이 집 안에 처박혀 있으니 긴 해를 보내기가 지루하기 짝이 없어 이것들을 안고 놀다가 가끔 남들의 웃음거리가 되곤 한답니다."

라고 하기에 나는,

"주인댁은 자손이 없는 모양이군요."

하고 물었다. 주인이 대답하기를,

"아들 셋과 손자 하나가 있지요. 맏아들은 올해 서른한 살로 지금은 성경 장군을 모시는 장경이고, 둘째 아들은 열아홉 살, 막내는 열여섯 살인데 둘 다 서당에 다니며 글을 배우고 있답니다. 아홉 살 된 손주 녀석은 저 버드나무에서 매미를 잡는다고 해가 지도록 코빼기도 구경하기 힘들 정도로 온종일 나가 논답니다."

라고 한다.

조금 있으려니 주인의 어린 손자가 손에 나발 하나를 쥐고 숨이 차게 후당으로 뛰어들며 노인의 목을 끌어안더니 이런 나발을 사달라고 졸라 댄다. 노인은 사랑을 가득 담은 얼굴에 미소를 띠며,

"이런 것은 쓸 데가 없단다."

하고 타이르지만 목이 희고 맑은 그 아이는 살굿빛 무늬가 놓인 비단 저고리를 입은 채 온갖 재롱과 어리광을 피우면서 이리저리 뛰어다닌다. 노인은 손자에게 손님을 향해 인사드리라고 가르친다. 이 때 한 군뢰가 눈을 부라리며 후당으로 뛰어 들어오더니 그 나발을 홱 낚아채면서 호봉을 졌다. 노인이 일어나 말하기를,

"죄송하오. 손자 놈이 장난감으로 알고 가져온 모양인데 다행히 물건은 상하지 않았소이다."

하고 정중히 사과한다. 나도,

"물건을 찾았는데 구태여 소란까지 피우면서 사람을 무안케 한다는
것은 좀 지나친 것이 아닌가?"
하고 군뢰에게 점잖게 말하고 난 다음 다시,
"이 개는 어디에서 나는 것이오?"
하고 물으니 주인이 말하기를,
"운남에서 나는 것인데, 촉 중에도 이와 같은 강아지가 있지요. 이 강
아지는 옥토아라고 부르고 저 강아지는 설사자라고 부르는데 두 놈
다 운남산이랍니다."
하면서 주인이 옥토아를 불러 인사를 하라니까 강아지는 똑바로 서서
앞발을 가지런히 모아 치켜들더니 절하는 시늉을 하며 다시금 머리가
땅에 닿도록 까딱거린다.
  이 때 장복이 와서 식사를 물어 보기에 자리에서 일어섰다. 주인이
말하기를,
"손님, 이 강아지는 노인이 무척 귀여워하는 것이지만 손님께 드리겠
습니다. 그러니 방물을 마치고 돌아가실 때 손님께서 가져가셔도 좋
습니다."
라고 하기에 나는,
"고마운 말씀이지만 어떻게 감히 함부로 받을 수 있겠습니까?"
하며 급히 돌아왔다.
  일행은 벌써 나발을 불며 떠날 준비를 완료하고 있었으나 내 행방을
몰라서 장복을 시켜 찾게 했던 것이다. 밥은 지은 지 오래 되어 식었을
뿐아니라, 마음 또한 바빠 목에 넘어가지 않았다. 그래서 장복과 창대
에게 나눠 먹으라고 이르고는, 다른 음식점으로 가서 국수 한 그릇과
소주 한 잔, 삶은 달걀 세 개와 참외 한 개를 사먹은 후 마흔두 닢을 세
어 주는데 상사가 문앞을 막 지나가고 있다. 변 군과 함께 고삐를 나란
히 하고 길을 떠났다. 배가 무척 불러 이십 리 길을 거뜬히 갔다. 해는

벌써 사시*가 가까워 볕이 몹시 따가웠다.

요양에서부터는 길가에 버드나무를 많이 심어 놓아았기 때문에 그늘
이 울창하여 더위를 조금씩 피할 수 있었다. 버드나무 밑에 물이 괴어
있는 웅덩이가 있어서 그 곳을 피하려고 돌아 나오면 쏟아지는 따가운
햇살과 바닥에서 흙 기운이 후끈 치솟아 가슴이 꽉 막히고 갑갑해진다.
저쪽 버드나무 그늘 밑을 보니까 말과 수레가 웅성웅성 모여 있기에 그
쪽으로 가서 잠시 쉬려 하였더니, 수백 명의 장사꾼들이 짐을 내려놓고

* 사시  오전 9시부터 11시까지.

땀을 식히고 있기도 하고, 옷을 벗은 채 버드나무 가지에 걸터앉아 부채질을 하면서 차나 술을 마시거나, 머리를 감고 깎기도 하고, 골패를 치며 팔씨름을 하기도 한다.

짐 속에는 그림을 그려넣은 도자기가 들어 있으며, 껍질을 벗긴 수숫대로 조그맣게 누각 모양을 만들어 그 속에 우는 벌레나 매미를 잡아넣은 짐이 열 짐 정도 되었다. 항아리에 빨간 벌레와 파란 마름을 넣어 주었더니 빨간 벌레는 작은 새우의 알처럼 물 위를 둥둥 떠다닌다. 이것은 모두 고기밥으로 쓰이고 있다 한다. 삼십여 채의 수레에는 모두 석탄을 실었다. 음식을 파는 사람들이 술과 차와 떡과 과일 등 갖가지 음식들을 버드나무 그늘 밑에 있는 걸상에 쭉 늘어놓았다. 여섯 푼을 주고 양매차 반 사발을 사서 목을 축이니 그 맛이 달고 시어서 제호탕*과 비슷했다.

태평차 한 채에 두 사람이 타고 그것을 한 마리의 나귀가 끌고 가는데, 나귀가 물통을 보자 수레를 이끝 채 물통으로 달려들었다. 한 여인은 늙었고 다른 여인은 젊은데, 앞을 가리는 발을 걷어올리고 바람을 쐬고 있었다. 꾀꼬리 무늬를 수놓은 파란 윗옷에 주황색 치마를 입고 둘이 똑같이 옥잠화와 패랭이꽃과 석류화로 머리를 장식했는데 한나라 여자인 것 같았다.

변 군이 술을 마시자고 하기에 한 잔씩 마시고 다시 길을 떠났다. 얼마 가지 않아 띄엄띄엄 불탑이 선명하게 눈에 들어오는 것을 보니 심양이 가까워진 모양이다.

어부가 손을 드니 강성이 이 곳이요,
뱃머리에 우뚝 솟은 탑은 볼수록 높아지네.

---

| * **제호탕** 오매육, 백단향, 사인, 초과 등의 가루를 꿀에 넣어서 끓인 청량 음료.

문득 옛 시가 떠오른다. 그림을 모르는 사람은 시를 이해할 수 없다. 그림에는 옅고 짙음이 있고, 멀고 가까움이 있다. 지금 이 탑의 모양을 바라보니 옛 사람들이 시를 지을 때 마치 그림 그리는 법을 충분히 알고 지었을 것 같다고 짐작이 가는데 성의 멀고 가까움이 탑의 길고 짧음으로 나타나고 있음이다.

혼하는 아리강이라고 하기도 하고, 소요수라고 하기도 한다. 장백산에서 흘러내려오면서 사하와 합쳐져서 성경성 동남쪽을 돌아 태자하와 합쳐져 흐르다가 다시 갈라져서 요하와 삼차하가 되어서는 바다로 흘러든다.

혼하를 건너서 얼마 안 가 토성이 있다. 성은 별로 높지 않고, 성 밖으로는 수백 마리의 검은 소가 노니는데, 그 빛깔이 무척 까맣게 보였다. 백 경*이나 되는 큰 못에는 붉은 연꽃과 수많은 거위와 오리 떼가 떠다녔다. 그 못가에는 천여 마리나 되는 흰 양들이 물을 먹기도 하고 머리를 들어 사람을 쳐다보기도 한다. 성문 안으로 들어서니 사람도 많고 상점도 많아 요양보다 열 배나 크고 호화로워 보였다.

관문에 들러 잠깐 쉬고 있는데 삼사가 관복을 갖춘다. 이 때 수화주로 지은 홑적삼을 입은 한 노인이 벗겨진 이마에 땋은 뒷머리를 내리고 내게로 다가와 읍을 하더니,

"여기까지 오시느라고 수고하셨습니다."

하고 말했다. 그 말에 내가 손을 들어 답례했더니, 노인은 내가 신고 있는 가죽신을 눈여겨 보며 만드는 법을 알고 싶어하는 것 같기에 신 한 짝을 벗어 보여 주었다. 그 때 사당 안에서 한 도사가 뛰어나오는데 야견사 노포를 걸치고 있었다. 머리에는 등갓을 썼고 신은 검은 공단신을 신었는데, 가까이 오더니 갓을 벗어 들고 상투를 매만지면서,

---

∗ 경 중국의 지적 단위로 100묘.

"이것이 영감님의 것과 꼭 같은 것입니다."

라고 말한다. 노인은 자기 신과 내 신을 신어 보면서,

"이 신은 어떤 가죽으로 만들었습니까?"

하고 묻기에 내가,

"당나귀 가죽으로 만들었지요."

하고 대답하자 그는 다시 묻기를,

"밑창은 어떤 가죽으로 까셨나요?"

하고 다시 묻는다. 그래서 내가,

"쇠가죽에 들기름을 발랐기 때문에 흙탕물을 밟아도 젖지 않지요."

하고 말하니 노인과 도사는 참 좋다고 한 마디씩 칭찬을 하면서,

"이 신이 물 있는 곳에는 좋아도 마른 땅을 걷기에는 발이 부르터 불편하지 않습니까?"

하고 되묻는다.

"사실은 그렇기도 합니다."

하고 대답하자, 노인이 나를 사당 안으로 안내하더니 도사가 차 두 사발을 따라서 마시기를 권했다. 노인은 자신을 복녕이라 소개하며, 만주 태생으로 지금은 성경 병부 낭중의 벼슬자리에 있다고 했다. 나이는 육십삼 세이며, 성 밖으로 나와 큰 못에 만발한 연꽃을 둘러보다가 지금 돌아가는 길이라고 했다. 그는 다시 계속해서,

"영감의 벼슬은 몇 품이시며 춘추는 몇이십니까?"

하고 묻기에 나는,

"나는 평범한 선비의 몸으로 중국에 관광하러 왔다오. 지금 정사생입니다."

하고 대답했더니 그는 다시,

"월일과 생시는 어떻게 되오이까."

한다. 그래서 내가,

"2월 5일 축시요."

하고 말하자 그는 다시,

"그렇다면 하마경인가요?"

하고 묻는다.

"아니오"

하고 내가 대답하자, 복녕이 다시,

"옆자리에 앉아 계신 저 분은 지난 해에도 오셨었지요. 그 때는 제가 서울에서 막 내려오는 길이었는데 옥전에서 며칠 동안 함께 객사에서 묵은 일이 있지요. 아마 한림 출신인가 보지요?"

하고 묻기에 나는,

"한림 출신이 아니라 부마도위인데 나와는 삼종 형제 사이입지요."

라고 답했다. 부사와 서장관에 대해서도 캐어 묻기에 일일이 성명과 관품을 가르쳐 주었다. 사신 일행들이 옷을 갈아 입고 떠나려 하기에 나도 복녕에게 작별 인사를 했다. 복녕이 앞으로 다가서더니 내 손을 잡고서,

"행차에 몸 보중하십시오. 앞으로 더위가 점점 더할테니 함부로 찬 음료수를 먹지 마시고, 서문 안에서 마장거리 남쪽으로 우리 집이 있는데 문 위에는 병부 낭중이란 패가 붙어 있고, 금자로 계유문과라 써붙여져 있어서 찾기가 쉽지요. 그런데 언제쯤 돌아오시나요?"

하고 말하기에 나는,

"9월 중에나 성경으로 돌아올 것 같습니다."

하고 말하니 복녕은 다시,

"그 때 특별히 바쁜 일이 없으시면 꼭 들러 주십시오. 당신의 사주를 이미 알고 있으니 가만히 운수를 헤아려 두었다가 반갑게 맞이하겠습니다."

하고 말한다. 그 말이 너무나 정중하여 몹시 서운한 생각까지 들게 했

다. 도사는 코끝이 뾰족하고 눈이 툭 튀어나왔으며 어딘가 행동이 불량해 보여 차분한 맛이라고는 전혀 없었는데 복녕은 털털하였다.

삼사가 말을 타고 차례대로 문관과 무관이 반을 짜서 성 안으로 들어가는데, 성 둘레는 십 리이며 벽돌로 여덟 개의 문루를 쌓았고, 문루는 모두 삼 층으로 옹성을 쌓아서 보호했다. 좌우에는 동·서 두 대문이 있어 네거리로 통하도록 돈대를 쌓았고, 그 위에 삼 층으로 문루를 세웠다. 문루 밑은 열 십(十)자로 벌어져 있는데, 수레바퀴가 서로 부딪히고 어깨가 서로 맞닿는 등 그 소란스러움이 파도치는 바닷물처럼 꿩장하다. 상점은 길 하나를 사이에 두고 그림을 그려넣은 2층 집과 창문에 빨갛게 간판을 써붙이고 푸른 방을 붙여 둔 상점으로 이루어져 있는데 그 안에는 갖가지 보화가 가득히 진열되어 있다. 상점을 보는 사람들의 얼굴은 핏기가 없었으나 옷과 갓을 차려 입은 매무새는 단정했다.

심양은 원래 우리 나라 땅이었는데 어떤 사람은 말하기를,

"한이 4군을 두었을 때는 낙랑의 군청 소재지였지만 원위·수·당나라 때는 고구려에 속했었다."

라고도 한다. 지금은 성경이라고도 부르는데 봉천 부윤은 백성을 다스렸으며, 봉천 장군인 부도통은 팔기를 통합하고, 승덕지현은 각부를 만들어 좌이아문을 세웠다. 문의 맞은편에는 조장이 있고 거기다가 옻칠한 나무를 어긋나게 맞추어 난간을 만들어 세웠으며, 장군부의 앞에는 패루 한 채를 세우고, 그 지붕의 울긋불긋한 유리 기와는 길에서도 바라볼 수 있었다.

내원, 계함과 같이 행궁 앞을 지나가다가 한 관리를 만났다. 그는 손에 짧은 채찍을 쥐고 바삐 걷고 있었다. 중국말을 잘하는 내원의 마두 광록이 얼른 그 관리를 쫓아가서 무릎을 꿇으며 머리를 조아렸다. 그러자 관리는 광록을 일으켜 세우면서,

"아 형님, 갑자기 왜 이러십니까. 편히 쉬십시오."

라고 하자 광록은 절을 한번 하며,

"저는 조선의 하인이온데, 우리 상전께서는 큰 임금님이 계신 궁궐을 구경하는 것이 하늘같은 소원입니다. 영감께서 이 소원을 풀어 주시겠습니까?"

라고 하자, 관리는 웃으면서,

"그까짓쯤이야 어려울 것 없지요. 날 따라오시오."

하고 말하기에 내가 곧 따라갔는데, 걸음이 날아가듯 빨라 도저히 쫓아갈 수가 없을 정도이다. 막다른 길에 이르자 관리는 붉은 목책 앞에서 돌아다보며 채찍으로 한 곳을 가리키며,

"여기서 잠깐 기다리시오."

하고는 몸을 돌려 그 안으로 들어간다. 내원은,

"어차피 들어가 볼수도 없는데 이렇게 우두커니 서 있는 건 더욱 싱거운 일이 아닌가? 겉으로나마 한 번 본것만으로도 다행이라 생각하고 그만 돌아가세나."

라고 말하며 계함과 같이 술집으로 돌아갔다. 내가 광록과 같이 목책 안으로 들어가다 보니 정문에 태청문이라고 씌어 있다. 그 안에 들어선 광록이 하는 말이,

"방금 만났던 관리는 수직장경이 틀림없습니다. 작년에 하은군을 모시고 왔을 때도 행궁을 골고루 구경했었지요. 막는 사람이 아무도 없어서 마음을 놓고 구경한 것이지요. 만약 사람을 만나 쫓아 낸다면 밖으로 나와 버리면 되지요."

라고 하기에 나는 곧,

"그래, 네 말이 옳다."

하고 말하며 전전으로 들어가니 숭정전과 정대광명전이라고 쓴 현판이 보였다. 왼쪽은 비룡각이고 오른쪽은 상봉각이라고 하는데, 그 뒤로 봉황루라는 높은 다락이 3층으로 서 있고, 좌우로는 익문이 나 있으며,

문 안에는 수십 명의 갑군이 길을 막아섰다.

어쩔 수 없어 멀리 문 밖에서 바라보니 누각 겹전과 겹겹이 둘러싼 화랑들이 휘황 찬란한 유리 기와로 높은 지붕을 잇고 있다. 여덟 모가 난 이층 집은 대정전이라 하였으며, 태청문 동쪽에 있는 신우궁 안에는 삼청의 소상을 모셨는데, 강희 황제의 친필로 소격, 옹정 황제의 친필로 옥허진제라고 써서 붙여 두었다.

다시 돌아나와 내원과 술집으로 들어갔다. 깃발에 금색 글씨로,

"하늘 위에는 하나의 술별이 빛나는데, 인간의 주천 마을은 쓸데없이 알려졌네."

라고 씌어 있었다. 붉은 난간에 문은 파랗고 하얀 벽에는 그림을 그렸으며, 찬장 위에는 층계마다 놋술통을 나란히 늘어놓고 술 이름을 붉은 종이로 써붙였는데 너무 많아 다 일일이 셀 수 없을 정도였다.

조 주부가 사람들과 술을 마시다가 웃으면서 일어나 나를 반긴다. 방 안에는 멋진 의자가 5,60개 놓여 있고, 2,30개의 탁자도 놓여 있으며 수십 개의 화분에는 아침 저녁으로 물을 주고 있었다. 추해당과 수국이 흐드러지게 피었는데 다른 꽃들은 모두 생소한 것들이다.

조 군이 나에게 불수로*를 석 잔 권하며 계함이 어디 갔느냐고 물었으나 모른다고들 대답했다. 나는 자리를 털고 일어섰다.

한길로 나서자 조 주부를 만났는데 무척 반가워하면서 술이나 실컷 마셔 보자고 하기에, 지금 나온 술집을 가리키며 가서 마시자고 하였더니 조 주부가 말했다.

"꼭 저 집이 아니라도 그 정도의 술집은 어디에나 있습니다."

우리는 다른 술집으로 들어갔다. 어둡긴 했지만 화려함은 옆집보다 더했다. 달걀부침 한 접시와 사괴공* 한 병을 시켜 싫증이 날 정도로 마

---

* 불수로  술 이름.
* 사괴공  술 이름.

시고 나왔다.

골동품을 취급하는 상점에 들어갔다. 그 집은 예속재라 하는데, 수재 다섯 사람이 동업을 하고 있었다. 나이가 모두 어리고 얼굴이 예쁘장하게 생긴 젊은 청년들이었다.

밤에 그 집을 다시 찾아가 이야기를 나누기로 약속하고 나왔는데 그 자세한 내용은 〈속재필담〉에 따로 실었다.

다른 상점에 들렀다. 먼 곳에서 온 선비들이 갓 차려 놓은 비단 포목 집으로 가상루라고 불렀다. 안에는 여섯 사람이 있었는데 의관 차림이 깨끗해 보이고 말과 행동이 점잖아서 밤에 예속재에서 만나 이야기를 나누기로 약속했다.

형부 앞을 지나며 보니 아문이 활짝 열려져 있었다. 문 앞에 있는 나무는 서로 어긋나게 맞추어진 채 둘러쳐져 있어서 아무나 함부로 출입을 할 수 없게 되어 있었다. 타국 사람인 나는 아무 꺼리김이 없기에 관부의 제도를 낱낱이 보아 두기 위해 여러 아문 중에서 열려져 있는 한 문 안으로 들어갔다. 막는 사람은 아무도 없었다.

관리 한 사람이 의자 위에 걸터앉아 있고, 그 뒤에는 한 사람이 지필을 손에 든 채 그를 보호하고 있었다. 뜰 아래에는 죄인 한 사람이 꿇어앉아 있고, 그 양쪽에는 사령 두 명이 큰 곤장을 짚고 서 있는데, 관리는 명령이나 거행 따위의 호통도 없이 죄인을 내려다보며 조용히 묻고 있었다.

얼마 후에 큰 소리로 치라는 호통이 떨어지자, 사령은 손에 들고 있던 곤장을 내던지더니 죄인을 향해 달려가서 손으로 뺨을 네댓 번 후려치고는 다시 제 자리로 돌아와 곤장을 들고 선다. 아무리 다스리는 방법이 간단하다 해도 따귀를 때리는 벌은 들어 보지 못한 일이다.

저녁 식사 후, 달이 밝게 떠오르자 약속대로 가상루에서 여러 사람과 만나 예속재에 가서 밤이 늦도록 이야기하다가 헤어져 돌아왔다.

11일. 맑음. 아주 더움.

심양에서 묵었다. 아침 일찍부터 성 안에서 우레 같은 대포 소리가 들린다. 상점들이 문을 열 때면 종들이 나와 딱총을 터뜨리는데 바로 그 소리라고 한다. 얼른 일어나서 가상루에 가보니 벌써 많은 사람들이 모여 있었다. 그들과 이야기하다가 사관으로 가서 아침을 먹고는 함께 시내 구경을 나갔다.

두 사람이 팔장을 꼭 끼고 지나가는 것을 보니 그 모습이 유순하게 보여서 혹시 글하는 사람인가 하고 따라가 목례를 하였더니, 팔장을 풀고 공손하게 답례를 하고는 그대로 약방으로 들어가 버린다. 내가 뒤따라 들어가니까 빈랑* 두 개를 가지고 와서 네 쪽으로 쪼갠 후 나에게 한 쪽을 주며 먹어 보라고 권하면서 그들도 먹기 시작했다. 글로 써서 그들의 이름과 주소를 물었더니 그것을 들여다보고는 어리둥절해하며 나가 버린다. 아마 글을 모르는 것 같다.

해마다 연경에서 심양의 아문과 팔기의 월급을 모아서 지불하면 심양에서는 흥경, 선창, 영고탑 등지로 다시 나눠 보내는데 모두 합해서 125만 냥이라고 한다. 저녁에는 달빛이 유난히 밝기에 변계함에게 가상루로 가자고 했다. 변계함은 쓸데없이 수역에게 가도 괜찮으냐고 묻는다. 이에 수역이 눈이 휘둥그레지며,

"성경은 연경과 비슷한 곳인데 어찌 함부로 밤에 돌아다닌단 말이오."

하고 말하자 변 군이 시무룩해졌다. 아마도 수역은 어젯밤의 우리 일을 모르고 있는 것 같다. 만약 알게 되는 날이면 나까지 붙잡힐 것 같아서 혼자 빠져나와 장복에게 혹시 나를 찾는 사람이 있거든 금방 뒷간에 간 것처럼 대답하라고 해두었다.

---

* 빈랑  한약의 일종으로 소화제로 쓰이기도 함.

13일. 맑으나 바람이 거셈.

새벽에 출발하여 팔십이 리를 가서 백기보라는 곳에 묵었다. 해가 뜨면서 갑자기 거센 바람이 휘몰아쳤다. 오후가 되면서 다행히 바람은 그쳤지만, 날씨는 찌는 듯이 무더웠다. 앞서간 일행을 쫓아 부지런히 말을 몰아 길을 가는데, 길가의 참외밭에서 갑자기 노파가 뛰어나오며 내 앞을 가로막았다.

노파는 눈물이 그렁그렁 괸 눈으로 내게 말했다.

"나으리, 아까 조선 사람들이 지나가면서 제 참외밭에서 참외를 따먹

고는 돈도 내지 않고 그냥 가 버렸습니다요."

그래서 내가,

"아니, 그런데 왜 돈을 내라는 말을 하지 않았소?"

하고 물었더니,

"물론 말씀이야 드렸죠. 그랬더니 글쎄 들고 있던 참외로 제 얼굴을 후려치고는 그대로 가버리는 게 아니겠습니까. 저는 참외를 팔아서 그날 그날 살아가고 있는 형편인데, 이 불쌍한 늙은이한테 어찌 그런 짓을 한단 말입니까."

하고 눈물을 짜내며 대답하는 것이었다.

나는 노파가 안됐다는 생각이 들어 참외 9개를 샀다. 참외는 달고 향기도 좋아 맛이 있었다. 참외값으로 50문을 주었더니, 노파는 80문이 아니면 절대 팔 수 없다고 우기는 것이었다. 그래 장복이 71문밖에 없다고 하자, 그제야 노파는 돈을 받았다. 우리는 날이 저문 후에 일행이 기다리는 숙소에 다다랐다. 내가 낮에 참외밭에서 만났던 노파의 이야기를 하면서, 하인들이 노파에게 한 행동에 대해 말했다. 그랬더니 마두들은 절대로 그런 일이 없었다며 하나같이 입을 모아 말하는 것이었다.

"허허, 이거 내가 노파에게 속은 것이군."

"그러게 말입니다. 나리께서 혼자 떨어져 오시는 것을 보고, 그런 교활한 거짓말을 꾸며냈나 봅니다."

나는 분하고도 허탈한 심정이 되고 말았다.


**15일. 맑음.**

날이 개다. 새벽에 내원과 변 군, 조 주부와 함께 소흑산을 떠나 중안포로 가서 그 곳에서 점심을 해결했다. 그런 다음 일행보다 먼저 출발하여 의무려산 밑에 있는 북진묘를 구경했다.

중국인들은 물건 하나라도 소중히 하는 습관이 철저하다. 깨진 기와 조각은 아무데도 쓸모 없는 버려진 물건이지만, 그들은 담을 쌓을 때 이것들을 이용한다. 잘 포개어 쌓으면 비록 깨진 기와 조각이지만 보기에 좋을 뿐아니라 조화로워 버리기 보다는 훨씬 나을 것이다. 이러한 절약 정신은 더럽고도 하찮은 똥을 아끼는 것에서도 잘 엿볼 수 있다. 똥은 더러운 것 중에서도 가장 더러운 것이지만, 이들은 농사를 짓기 위해 밭에 뿌릴 똥을 금보다도 더 귀하게 여긴다. 그래서 길가에 똥무더기가 버려진 모습은 찾아볼 수가 없고, 말똥을 줍는 사람들이 삼태기를 메고 말의 꽁무니를 쫓아다닐 정도이다.

한편 중국에서는 사람이나 짐을 싣고 다니는 여러 종류의 수레가 잘 발달해 있다. 사람이 타는 수레를 태평차라고 하는데, 커다란 바퀴가

달려 있으며 바퀴는 30개의 바퀴살로 이루어져 있다.

짐수레로는 독륜차라는 수레가 있는데, 이 수레는 수레채를 겨드랑이에 끼고 밀게끔 되어 있다. 바퀴는 수레 한가운데에 달려 있어, 중심을 잘 잡지 않으면 안 된다. 길에서 채소나 과일을 파는 장사꾼들은 이 독륜차를 많이 이용하고 있다. 독륜차는 바퀴가 하나뿐이어서 특히 좁은 밭둑에서 거름을 실어 나를 때 편리하다고 한다.

우리 나라에도 수레가 아주 없는 것은 아니지만, 중국에서 만든 것처럼 바퀴가 그렇게 완전히 둥글지가 않다. 또, 바퀴축의 길이라든가 바퀴 사이의 간격 같은 것이 일정하지 않아서 수레라고는 하지만 제기능을 다하지 못하는 것이 많다. 만약 우리 나라에서도 수레를 즐겨 쓴다면 길은 저절로 잘 닦일 것이다. 하지만 우리 나라 사람들은 길이 좁고 고르지 못하여 수레를 쓸 수 없다고 생각한다. 중국의 길이라고 하여 특별히 우리 나라보다 더 나을 리는 없겠지만, 수레를 씀으로써 길이 잘 닦여져 어느 곳이건 지나지 못할 곳이 없게 된 것이다. 우리 나라에서도 수레를 적극 사용한다면 길도 닦여지고, 물건도 쉽게 멀리까지 실어 나를 수 있어 백성들의 살림살이도 한결 나아질 수 있을 것이다.

그러나 중국 사람들이 쓰는 것들 중에는 도저히 본받지 말아야 할 물건들도 있는데, 바로 상여가 그렇다. 길을 가다 보면, 하루도 빠짐없이 상여를 보게 되는데, 구조는 저마다 다르다 하지만, 공통된 특징이라 한다면 호화롭기 짝이 없다는 것이다. 중국 사람들은 간편하고 실용적인 것을 좋아하는데, 유독 상여만은 거추장스러울 정도이니 그 까닭을 알 수 없다.

중국의 다리는 대부분 무지개 모양으로 이루어져 있는데, 다리 밑은 성문처럼 생겼다. 다리가 크면 그 밑으로 돛단배까지 지나다닐 수 있을 정도이다. 규모가 작으면 그 밑으로 거룻배가 지나다닐 수 있으며, 다리 위의 돌난간에는 구름이나 용 등이 새겨져 있는 것이 많다.

16일. 맑음.

정 진사, 변 주부 등과 함께 새벽 일찍 일행보다 앞서 길을 떠났다. 점심때 여양에 이르렀는데, 마침 장날이어서 거리에는 온갖 물건들이 가득 늘어섰으며 사람들로 넘쳐 있었다.

그 가운데에는 새장수도 있었는데, 이름을 알 수 없는 아름다운 새들이 저마다 목소리를 뽐내며 지저귀고 있었다. 그 소리를 들으니, 마치 깊은 산 속에 와 있는 느낌이 들기까지 했다.

역관 조명회와 함께 어떤 술집으로 들어가, 돼지고기를 볶아 만든 요리와 계란 부침을 안주삼아 술 두 사발을 사 먹었다.


19일. 맑음.

새벽 일찍 고교보를 떠나 늦은 저녁이 되어서 영원위에 이르러 성 밖에 묵었다. 아침에 일어나 해돋이를 구경하려 하였지만, 탑산에 이르고 보니 어느덧 해가 높이 떠 있었다. 아침이 되자, 밤에 닻을 내렸던 수많은 상선들이 일제히 돛을 올리고 바다 한가운데로 나아가고 있었다. 그 모습들이 마치 물 위를 한가로이 떠다니는 오리들처럼 보였다.


20일. 맑은 뒤 비.

점심을 먹고 다시 길을 떠나는데, 갑자기 비가 억수같이 퍼붓기 시작했다. 동관역에서 짐을 풀고 잠을 청했다.

새벽에 서장관과 부사가 보낸 하인이 해돋이를 구경하자는 전갈을 가지고 왔다. 나는 조금 더 자야겠다고 이르고는 다시 잠을 청했다.

해돋이를 보는 것도 운이 좋아야 한다. 나는 우리 나라에서도 해돋이를 보기 위해 여러 곳을 다녀 봤지만, 한번도 그 소원을 이룬 적이 없다. 언뜻 생각하기엔 구름 한점 없이 맑게 갠 날에 보는 해돋이가 장관일 것 같이 생각되겠지만, 실은 그렇지 않다. 아무것도 거칠 것이 없는 맑은 하늘에 쟁반처럼 떠오르는 둥근 해를 보면 도무지 장엄하다던가 신비로운 기운이 느껴지지 않는다.

뒤에 서장관과 부사의 말을 들으니, 오늘도 구름 때문에 해돋이를 보지 못했다고 했다.

오후부터 내리기 시작한 비는 밤새도록 그치지 않았다.


**25일. 맑음.**

유관을 출발하여 약 구십 리를 가서 영평부에 묵었다. 장복을 데리고 성 안을 둘러보는데, 모두들 주인 없는 빈 집들뿐이었다. 그러다가 어느 집 앞에 이르니, 집 안에서 사람들이 웅성거리는 소리가 들려왔다.

내가 안쪽을 향해 두어 번 헛기침을 하자, 갑자기 집 안이 조용해지더니 조금 뒤 아이 하나가 나오며 물었다.

"무슨 일로 오셨습니까?"

"어른들은 어디 계시기에 나와서 손님을 맞지 않는 것이냐?"
하고 장복이 물었다.

"아버님께서는 의사를 부르러 가셨습니다."

아이의 대답을 듣고 이번에는 내가 말했다.

"의사를 부르러 갔다면, 집 안에 아픈 사람이라도 있는 모양이구나. 내가 바로 의사란다. 속히 환자를 보고 싶으니, 어서 가서 아버지를 모셔 오너라."

그러자 아이는 제대로 대꾸도 하지 않고 어디론가 사라져 버렸다. 분명히 집 안에는 여러 명의 어른들이 있는 것 같은데, 안에서 저희들끼리만 수근거릴 뿐, 나와 볼 생각은 하지 않는다.

돌아오는 길에 조 주부를 만나 아까 있었던 일을 말해 주었다. 조 주부도 이 곳 사람들의 인심이 박하다는 내 생각에 맞장구를 쳤다.

"맞습니다. 이 곳 사람들은 인심이 좋지 않아요. 사실 이 곳 사람들은 우리 조선 사람들을 귀찮게 생각하고 있지요. 예전에 이 곳 무령 사람 중에 서 진사라는 사람이 있었는데, 그는 손님 접대하기를 즐겨서 누구든지 자기 집을 찾아온 손님이면 후하게 대접했답니다. 그 소문이 조선에까지 퍼져서 중국을 찾는 조선 사람이라면 꼭 서 진사를 찾아갔지요. 그렇게 접대하다 보니까 점점 힘에 부치게 되었지요. 그래서 나중에는 대접이 전에만 못해졌답니다. 좋은 그릇과 음식은 모두 숨겨 두고, 간신히 인사치레만 할 정도였지요."

우리는 조 주부의 이야기를 듣고 모두 한바탕 크게 웃었다.

오늘 우리가 찾았던 집에서 사람들이 나와 보지 않은 것도, 어쩌면 서 진사처럼 될까 두려웠기 때문일지도 모른다는 생각이 들었다.

**26일. 비온 뒤 갬.**

오후에 한바탕 천둥 번개가 치고 거센 비바람이 몰아치더니 곧 날이 개었다. 아침 일찍 영평부를 떠났는데, 이 때만 해도 바람이 선선해서 좋았다. 그런데 야계타에 도착할 무렵이 되자 날씨는 찌는 듯이 무더워졌다. 바람은 조금도 불지 않았다.

그 때 갑자기 일행의 머리 위로 주먹만한 물방울이 떨어지기 시작하더니, 눈 깜짝할 사이에 시커먼 구름이 몰려들며 사방이 어둑어둑해지는가 싶더니 천둥 소리가 고막을 찢기 시작했다. 눈앞에서는 연신 번갯불이 번쩍였다. 우리는 채찍을 휘두르며 길을 재촉했다. 길을 가던 수많은 수레들이 앞다투어 내달리기 시작했다. 비바람과 천둥 번개가 천지를 삼켜 버릴 듯이 몰아쳐, 제대로 숨조차 쉴 수가 없었다. 말들은 겁에 질려 부들부들 떨었으며, 번갯불에 비친 사람들의 얼굴은 모두 새파랗게 질려 있었다.

얼마쯤 지나자 비바람이 주춤하면서 캄캄하던 어둠도 사라지기 시작했다. 길 양쪽으로 늘어선 집들이 눈에 띄었다. 이렇게 가까이에 피할

곳이 있었는데도 알지 못했던 것이다. 한 상점으로 들어가 잠시 비를 피하고 있으려니까, 언제 그랬냐는 듯이 금세 하늘이 개었다.

28일. 오후에 바람과 천둥.
아침에는 맑았으나, 오후에는 바람과 천둥이 크게 일었다. 그러나 아계타에서 겪은 것에 비하면 아무것도 아니었다. 새벽 일찍 풍윤성을 출발해서 십 리쯤 가다 보니까 고려보라는 곳이 나왔다.

이 곳은 병자 호란 다음 해에 고려에서 잡혀 온 우리 백성들이 모여 살고 있는 곳이었다.

집들은 모두 띠 이엉을 이고 있고, 논에는 벼를 심고 있어 한눈에도 이 곳이 고려보임을 알 수가 있었다. 관동 천여 리를 다니는 동안 논이라고는 여기가 처음이다. 비록 우리 나라를 떠나 있기는 하지만 풍속은 그대로 지니고 있는 것이 많았다.

성 안에 들어가 한 상점을 조용히 구경하고 있는데 어디선가 음악 소리가 흘러나왔다. 정 진사와 함께 소리 나는 곳을 따라 들어가니, 곁채 아래에 대여섯 명의 젊은이들이 모여 앉아서 여러 가지 악기를 연주하고 있었다.

한 사람이 방 한가운데서 의자에 앉아 있다가, 우리를 보더니 벌떡 일어나 인사를 했다. 나이는 쉰 살쯤 되어 보이는데, 수염이 희끗희끗했다. 그리고 사면 벽에는 얼핏 보아도 이름 있는 사람들의 작품이라는 것을 한눈에 알 수 있는 글씨와 그림들이 잔뜩 걸려 있었다.

주인은 심유붕이라는 사람으로, 나이는 마흔여섯 살이었는데, 말수가 적은 조용한 성품이었다.

나는 곧 그와 작별하고 나오다가, 탁자 위에 놓인 구리를 녹여 만든 사슴을 보았다. 그것은 푸른 빛이 속 깊이까지 스민 듯 했으며, 높이는 한 자가 넘어 보였다.

또, 한쪽 벽 아래에는 푸른색 화병이 놓였는데, 벽도화 가지 하나가 꽂혀 있었다. 꽃 위에는 검은 왕나비 한 마리가 앉았다. 처음에는 당연히 만든 것이라고 생각했지만, 자세히 들여다보니 비취색 바탕에 금무늬가 박힌 진짜 나비였다.

꽃잎 위에 앉았다가 다리가 달라붙는 바람에 그대로 말라 버린 것이었다. 그리고 갱지에 가늘게 쓴 글씨 한 폭이 걸려 있었는데, 온통 벽을 차지하고 있었다.

역시 글씨가 뛰어나므로 그 내용을 읽어 보았다. 단숨에 읽어 내려간 그 글의 내용은 기이하기 이를 데 없었다.

그래서 나는 주인장을 향해 물었다.

"저기에 걸린 글은 누가 지은 것입니까?"

"글쎄요, 저도 잘 모르겠습니다."

"그럼 어디에서 구하셨습니까?"

"얼마 전에 계주 장에 나갔다가 사온 것입니다."

"제가 좀 베껴 가도 좋을까요?"

내가 부탁하자, 심유붕은 흔쾌히 그러라고 허락했다.

나는 저녁을 먹은 뒤 정 진사와 함께 종이를 가지고 다시 그 집으로 갔다. 내가 그것을 베끼자 심유붕이 물었다.

"선생께서는 이걸 베껴다가 대체 어디에 쓰시려고 그러십니까?"

"우리 나라로 돌아가면 사람들에게 이 이야기를 전하여, 한바탕 배꼽을 잡고 웃게 만들고 싶어서입니다. 아마 이 이야기를 읽고 웃지 않을 사람은 아무도 없을 겁니다."

정 진사와 함께 숙소로 돌아와서 다시 읽어 보니, 정 진사가 베낀 부분에는 틀린 글자는 물론이고 빠뜨린 부분도 무척 많아서 전혀 연결되지 않는 곳도 있었다.

그래서 내 생각대로 고치고 보충하여 나중에 한 편의 이야기로 만들

었는데, 그것이 바로 〈호질〉이다.

8월 1일. 간간이 비.

아침에는 맑고 찌는 듯이 덥다가 오후에는 비가 오락가락했다. 밤이 되자 우레와 함께 큰비가 내렸다. 새벽에 변, 정 등과 함께 먼저 연교보를 출발했다.

몇 리 안 가서 날이 밝아지기 시작하자, 별안간 우레 같은 소리가 우렁차게 공중을 울렸다. 운하에서 나는 대포 소리라고 했다. 멀리 아침놀이 낀 운하가 바라보였다. 총총히 떠 있는 배들의 돛대가 마치 갈대밭을 떠올렸다.

나는 정사와 함께 한 척의 배에 올랐다. 물 한 가운데에서는 뱃놀이가 한창이었다. 작은 배에 양산을 펴거나 푸른 휘장을 두르고, 셋이나 다섯씩 짝을 지어서 의자나 평상에 앉아 책을 읽거나, 악기를 다루거나, 그림을 그리고 있었다.

배에서 내려 동악묘에 이르자, 사신들은 옷을 갈아입고 행렬을 정돈했다. 통역관들은 청나라 관리들이 입는 옷으로 갈아입고, 목에는 조주*를 걸고 우리들을 조양문으로 인도했다. 우리들은 곧장 예부를 찾아 표자문을 바치기로 되어 있었다.


## 태학에 머물다

**가을 8월 9일.**

사시*에 태학에 갔다. 사시 이전의 것은 길에서의 일을 적었고, 사시 이후의 것은 관에서 있었던 일을 기록한다.

날씨가 몹시 무더웠다. 말에서 내려 후당으로 들어가니 한 노인이 모자를 벗고 의자에 앉아 있다가 나를 보더니 의자에서 일어나면서,

"수고가 많으십니다."

하고 말하며 맞아 주기에 나도 같이 답례를 하고 앉으려니까 노인이 내게,

"벼슬은 몇 품쯤 되시는지요."

하고 묻는다.

"나는 아직 선비의 몸으로 삼종형 대대인과 함께 귀국에 관광을 왔다가 이 곳에 들르게 되었습니다."

하고 내가 대답했다. 중국에서는 정사를 대대인이라고 부르고, 부사를

---

* 조주  청나라 때 5품 이상의 관리가 가슴에 달던 108개의 구슬.
* 사시  오전 9시부터 11시까지.

을대인이라고 부르는데 을은 둘째라는 뜻이다. 그가 나의 성명을 묻기에 써 주었더니 다시 묻는다.

"영형* 대인의 존함과 관직과 품계는 어떻게 됩니까?"

"명함은 박명원이고, 벼슬은 일품 부마이며 내대신입니다."

하고 대답해 주었다. 그는 다시,

"영형 대인께선 한림 출신이신가요?"

하기에 내가 이렇게 대답했다.

"아니옵니다."

하고 대답하자, 노인은 붉은색 명함 한 장을 꺼내 보이면서 말했다.

"나는 이러한 사람입니다."

명함을 보니 오른쪽에 가는 글씨로,

'통봉대부(종삼품) 대리시경 치사 윤가전.'

이란 글이 씌어 있어,

"공이 이미 공사에서 물러나셨다면 어떤 일로 이런 변방 밖에까지 멀리 나오셨습니까?"

하고 내가 물었더니 노인은,

"황제의 명을 받들고 나왔습니다."

하고 대답한다. 다른 한 사람이 말하기를,

"나도 역시 조선 사람이옵니다. 보잘것 없지만 저의 이름은 기풍액이라 하옵고, 경인년에 문과에 장원으로 급제하여, 지금 귀주 안찰사의 일을 보고 있습니다."

라고 한다. 윤 공이 묻기를,

"이제는 사해가 한집안이라. 문밖을 나서면 모두 우리 동포요 형제가 아니겠습니까. 혹시 고려의 박인량이라는 분이 공의 가문의 명망 높

---

* 영형  남의 형의 경칭.

은 어른이 아니신지요."

라고 하기에,

"아니옵니다. 주죽타의 〈채풍록〉에 나오는 박미란 어른이 저의 5대 조이십니다."

라고 대답했더니 기 공이,

"과연 문망이 높으신 상경이시군요."

라 하고 윤 공은 다시 말하기를,

"왕어양의 〈지북우담〉에는 그 어른의 시문이 세세히 적혀 있습니다. 제비와 기러기가 서로 등을 지고 소와 말이 상관없는 곳인데, 이제 하늘의 연분이 공교하여 이 곳 새북에서 평수의 종적이 같이 만나게 되니, 이는 곧 책에 있는 어른의 후손입니다."

라고 한다. 모였던 사람들이 감탄하여,

"그의 시를 읊고 책을 읽으면서도 그의 인품을 몰랐다니 이게 될 말입니까?"

라고 하니 기 공은,

"비록 옛 어른은 가셨다고 하나 그의 전형은 남아 계시지 않습니까?"

하고는 다시,

"귀국의 농사는 어떠가요?"

라고 하기에 나는,

"가을이 되기 전인 6월에 압록강을 건넜으므로 사정은 잘 모르겠지만 떠나올 때에는 비와 바람이 알맞았습니다."

라고 하니 여러 사람들 중에 황민호라는 사람이 묻기를,

"조선 땅의 넓이는 얼마나 되는가요?"

라 하기에 나는,

"옛 기록에 의하면 오천 리라 하지만 단군 조선은 당·요와 같은 때였으며, 기자 조선은 주무왕 때에 봉한 나라였고, 위만 조선은 진 때

에 연 나라 사람들이 난을 피해와서 한 쪽만을 부분적으로 차지하였으니, 땅은 오천 리를 차지하지 못하였을 것이며 전조 때에는 고구려, 백제, 신라 삼국을 합해서 고려가 세워졌으니 남북이 삼천 리이고 동서가 일천 리였습니다. 중국의 역사 책에 적혀 있는 조선의 민물과 노래와 습속은 사실과 달리 모두가 기자와 위만 때의 조선을 적은 것이므로 오늘의 조선이 아니옵고, 역사를 쓴 사람들이 대체로 외국 일에 생소하여 겨우 옛날의 기록에 의하였을 뿐이고 그 풍속은 시대에 따라 각기 다른 것입니다. 우리 나라는 오직 유교를 숭상하여 예약, 문물이 모두 중국을 본받았기에 예로부터 소중화라는 이름이 붙었고, 나라의 규모나 사대부의 행실과 범절이 아주 조송*과 똑같습니다."

하고 대답하자 왕 군은,

"가히 군자지국이라 할 수 있군요."

라고 하였다. 윤 공이,

"아직 태사의 유풍이 찬란하게 남아 있으니 가히 존경할 만합니다. 〈시종〉에 적혀 있는 영존선공께서는 어찌하여 소전이 없었습니까?"

하기에 나는,

"우리 선인의 자호와 관작이 빠져 있으며 그 중 소전이 있으나 대개는 잘못된 것입니다. 나의 5대조의 휘는 미요, 네 권의 문집이 국내에서 만들어졌고, 명나라 만력 때의 어른으로, 소경왕의 부마이신 금양군이시며 시호는 문정공이라고 하옵니다."

라고 하였다. 윤 공은 말하기를,

"이것으로 빠신 곳을 보충하겠습니다."

라 하였다. 왕 선비가 이르기를,

---

*조송  송의 태조 조광윤의 성을 붙여 다른 송과 구별함.

"또 달리 잘못된 곳이 있으면 바로잡아 주십시오."

라고 하였다. 기 공도,

"옳은 말씀입니다. 하늘이 주신 좋은 기회라고 생각합니다."

라고 하였다.

"나는 원래 기억력이 분명치 않으니 책을 놓고 고증을 하는 것이 더 좋겠습니다."

하니까 기 공이 왕 선비를 돌아보며 무어라 말하고, 윤 공 역시 이야기 한 끝에 마침내 왕 선비가 즉석에서 '명시종'이란 세 글자를 쓰더니,

"이리 오너라."

하고 부르자 한 청년이 앞으로 달려와 절을 한다. 왕 선비가 청년에게 그 종이쪽지를 주자 청년은 그것을 받아들고 급히 어디로인가 가 버렸다. 아마도 다른 곳으로 빌리러 보낸 것이 아닌가 싶다. 그 청년이 곧 되돌아와 꿇어앉으며,

"없습니다."

라고 한다. 기 공이 다시 다른 사람을 부르더니 그 종이쪽지를 주자 그는 곧 나갔다가 다시 돌아와서 무어라고 말을 했다. 그러자 왕 선비가,

"새외에는 책방이 없군요."

라고 말했다.

"우리 나라에 이달이라는 사람이 있는데, 그의 호는 손곡입니다. 그런데 한 책에 이달의 시를 싣고도, 따로 손곡의 시를 또 실은 것이지요. 이것은 그의 호와 이름을 서로 다른 사람으로 잘못 알고 나누어 실었던 것입니다."

라고 말하니 세 사람은 크게 웃고는 서로 돌아보면서 말하기를,

"옳거니, 바로 그랬었군요. 치이나 도주는 원래 범라라는 같은 사람이었으니까요."

라고 한다. 윤 공이 급하게 일어나면서 붉은 명함 석 장과 자기가 지은

〈구여송〉이란 책을 보이며,

"선비께 수고를 끼치면서 영형 대인을 뵈옵고자 합니다."

하니 좌중의 다른 사람들도 일어나면서 말하기를,

"윤 대인께서는 지금 조정에 나가셔야 하니 다음 날 다시 만나기로 합시다."

라고 한다. 윤 공은 벌써 모자와 복장을 갖추어 입고 조주를 걸었으며, 나를 따라나와 정사의 방 앞에 이르렀다. 나는 미처 방금 전에 그가 문에서 나오는 길로 이 곳에 들르리라고는 생각하지 못했다. 대부분의 사람들이 윤 공은 지금 조정에 나가신다고 했을 뿐으로, 윤 공이 명함을 내놓으면서 곧 나를 따라 오리라고는 미처 생각하지 못했던 것이다. 정사는 주야로 격무에 시달린 끝이어서 겨우 눈을 붙였으며, 부사와 서장관은 여기에 소개할 것이 못 된다. 더욱이 우리 나라 대부들은 스스로 존귀한 체하는 마음이 대단하여 중국 사람들을 보면 만주 사람과 한나라 사람을 구분하지 않고 모두 되놈으로 보는데, 그것은 도도한 체하는 행동이 처음부터 몸에 배어 버릇이 된 까닭이다. 그러했으므로 그가 어떤 호인이며, 어떤 신분인가를 알기 전에는 그를 반갑게 맞을 까닭도 없을뿐더러 행여 서로 만난다 하더라도 틀림없이 개·돼지 처럼 푸대접 할 것이고, 나 자신도 불필요하게 여길 것이다. 그런데 윤 공이 뜰에서 오래 기다리므로 일이 몹시 난처하게 되어 버렸다. 그제야 나는 정사에게 들어가 말하였다. 정사는,

"나 혼자서는 만날 수 없으니 어쩌면 좋겠소?"

라고 한다. 나는 나이 많은 분이 뜰에 오래 서 있는 것이 안타깝게 생각되어 뜰에 나가,

"정사께서는 밤낮으로 먼 길을 오시느라 몹시 피곤하셔서 삼가 맞이하지 못하오니, 다음 날에 직접 나아가 사례하시겠다 하옵니다."

"아, 그렇습니까?"

윤공이 이렇게 답하고는 한 번 읍하며 나가는데, 그 표정을 살펴보니 매우 멋쩍어 하는 표정이었다. 그는 표연히 가마를 타고 가 버렸다. 그가 탄 가마는 정말 휘황찬란한 것으로 귀인이 타는 가마 모습이었다. 시종군 십여 인이 모두 비단옷에 수많은 안장을 하고 가마를 호위하는데, 향기로운 바람이 멀리까지 풍겨왔다.

통관이 담당인 역관에게,

"귀국에서도 부처님을 모시는지요. 나라 안에 있는 절은 모두 얼마나 되는지요."

라고 물으므로 수역이 들어와 사신에게 여쭙기를,

"통관의 이 말은 아무 뜻 없이 하는 말이 아닌 것 같사옵니다. 어떻게 대답하오리이까."

하고 묻는다. 삼사가 의논하여 수역에게 말하기를,

"원래 우리 나라 관습은 부처님을 숭배해오지 않았습니다. 때문에 시골에는 절이 있지만 서울이나 도회지에는 없습니다."

라고 대답하라고 지시하였다. 잠시 후에 군기장경 소림이 관중에 이르렀으므로, 삼사가 캉*에서 내려와 동쪽으로 앉았다. 이것은 땅의 형세를 따른 것이었다. 소림이 황제의 조서를 읽어 전달하기를,

"조선 정사는 이품 끝의 반열에 서라."

라고 말하였다. 이것은 잔칫날 조정에서 좌석 순서를 미리 알려 주는 것으로, 전에 없던 일이라고 하였다. 그런 뒤에 소림은 나는 듯이 빠른 동작으로 몸을 돌리더니 가 버렸다. 또 예부에서도 관중의 말을 전해 왔다.

"사신이 오른쪽 계열에 오름은 이제까지 없던 특전이시니 당연히 황감하옵다는 인사 절차는 있어야 할 것이오. 이러한 뜻으로 예부에 글

---

*캉 온돌방.

월을 내신다면 바로 황제께 올려 드리겠소.”

라는 것이다. 사신은 곧,

  “배신이 이 곳에 사신으로 와 이처럼 황제의 지극하신 은혜를 받자옵
  는 것은 황감하기 이를 데 없는 일이오나, 그렇다고 개인적으로 인사
  절차를 차린다 함은 오히려 도리에 합당치 못하다고 생각하옵니다.”

라고 했더니, 예부에서,

  “무엇이 합당하지 못하단 말이오?”

하며 연이어서 빗발치듯 독촉한다.

  황제는 황제 자리에 오른 지 오래 되어 나이가 많았는데도 모든 권력
이 한 손안에 있는데다 총명은 쇠하지 않았고, 혈기가 몹시 왕성하였
다. 그런데 세상이 태평하고 임금의 자리가 차츰 높아짐에 따라서 시기
하는 마음이 커지고, 일을 처리함에 있어 사납고 엄격하고 가혹한 사례
가 많아졌을 뿐 아니라, 절제 없는 희로애락을 나타냈다. 따라서 조정
에 있는 신하들은 모두 그때 그때 일을 잘 꾸며 순간을 모면하는 것을
상책으로 삼고, 오로지 황제의 마음을 기쁘게 하는 것만을 능사로 알기
때문에, 그런 뜻에서 예부에서도 이렇게 글월을 독촉하는 것이었다. 그
래서 그들이 온 앞뒤 사정을 자세히 알아보니 그 지시는 단지 예부에서
나온 것에 불과하였다. 담당 역관이 말하기를,

  “지난 해 심양에 사신으로 갔을 때도 역시 글월을 올려 사례한 일이
  있었으니 이번 일도 지난번과 다를 바가 없을 듯하옵니다,”

라고 한다. 하는 수 없이 부사와 서장관이 서로 상의하여 글월을 지어
서 예부에 보내어 바로 황제께 올리도록 하였다. 연이어 예부에서는 또
내일 오경*에 대궐에 입궐하여 황제의 은총을 사례하라고 한다. 이것은
즉 이품과 삼품으로 좌석의 오른쪽 반열에 참석하게 한 특전을 사례하

---

* 오경  오전 3시부터 5시까지.

라는 것이었다. 저녁 식사를 마친 후에 다시 윤 공의 처소를 찾아갔더니 왕 군은 벌써 다른 방으로 옮긴 뒤였고, 기 공만이 아직 중당에 머물러 있기에 윤 공과 함께 기 공의 처소에서 이야기를 나누었다. 윤 공은 점잖으면서도 소탈한 사람이었다. 그는 말하기를,

"아까는 매우 바빠 이야기를 끝내지 못하였는데, 원하건대 〈시종〉에서 빠지거나 잘못된 곳이 있거든 알려 주셔서 선배의 소홀한 점을 보완하도록 하여 주십시오."

라고 한다. 나는,

"고국의 선배들은 바다 저쪽 한 구석에서 태어나 늙어 병들어 죽을 때까지 태어난 곳을 떠나지 못하고, 반딧불처럼 잠시 번뜩이거나 마른 버섯 모양으로 말라빠진 보잘것 없는 시편을 가지고도 대국의 책에 실게 된 것은 매우 영광스럽고 다행스런 일이옵니다. 고국의 유학자 중에는 이이라고 하는 선생님이 있으니 그분의 호는 율곡이요, 또 이상공 정구라는 분이 있으니, 그의 호는 월사입니다. 그런데 〈시종〉이란 책자에는 이정구의 호가 '율곡'이라고 적혀 있고, 월산대군은 공자이신데도 그의 이름이 '정'이므로 여자인 것으로 잘못 알고 있었습니다. 뿐만 아니라 허봉의 누이 동생 허씨는 호가 난설헌으로서, 그 책자에는 여관이라 하였는데, 우리 나라에는 원래부터 도관이나 여관이라고 하는 것은 없으며, 또 아울러 그녀의 호를 경번당이라고 하였는데, 이것은 또한 더더욱 사실과는 틀린 것입니다. 허씨가 김성립에게 시집을 갔는데 그 김성립의 얼굴이 너무 못생겼기 때문에 그의 친구들이 그를 놀리려고 그의 아내를 일컬어 두번천을 연모한다고 희롱한 것입니다. 대부분 주중의 음영이 원래부터 못생긴 것도 억울한데 거기다가 두번천을 연모한다는 말까지 떠돌았으니 어찌 원통하지 않았겠습니까."

라고 말했더니 윤, 기 두 사람이 몹시 웃었다. 그랬더니 문 밖에 늘어

서 있던 아이놈들이 영문도 모르는 채 모두들 따라 웃는다. 이것은 이른바 웃음소리만 듣고도 따라 웃게 된다는 속담의 경우와 마찬가지라 하겠다. 그들이 왜 그렇게 웃었는지는 알지 못하였지만 나 역시 웃음을 참을 수가 없었다.

영돌이가 찾아왔기에 밖으로 나오려니까, 두 사람이 문 밖까지 따라 나오며 전송하여 주었다. 달빛은 뜰에 가득히 내리고 때마침 담 너머 장군부에서는 벌써 초경*을 알리는 야경 소리가 고요를 깨고 있다. 상방에 가 보니 하인들이 휘장 밖에 누워서 코를 골며 잠들어 있다. 정사도 벌써 잠들어 있는데, 짧은 병풍 하나를 사이에 두고 내 잠자리도 마련해 놓고 있었다.

일행 모두 윗사람 아랫사람 할 것 없이 닷새 밤을 꼬박 새운 뒤여서 이제는 모두 깊은 잠에 빠진 모양이었다. 정사 머리맡에 술병이 둘 있어 흔들어 보니, 하나는 텅 비어있고 하나는 남아 있었다. 달빛조차 이토록 밝은데 그 누가 마시지 않으랴. 이윽고 남은 술을 가만가만 잔에 가득 따라 마시고는 촛불을 훅 불어 끈 뒤 방에서 나왔다. 뜰 한가운데 홀로 서서 밝은 달빛을 바라보고 섰노라니 담 밖으로부터 괴이한 소리가 들려왔다. 그것은 장군부에서 낙타 우는 소리가 틀림없었다. 다시 명륜당으로 나왔더니 제독과 통관의 무리들이 저마다 탁자를 끌어다 두 개씩 한데 붙여 놓고 그 위에서 잠들어 있었다. 그것을 보고 저들이 아무리 되놈이기로서니 무식함이 그리 심하랴 싶었다. 그들이 지금 누워 자는 탁자는 바로 신성, 선현께 석전이나 석채를 거행할 때만 사용되는 탁자인데 어찌 감히 그것을 침상으로 대신 쓸 수가 있으며, 또 그 위에 누워 잠을 잘 수 있을 것인가. 그 탁자들은 모두 붉은 색칠을 하였는데 백여 개나 되었다.

---

* 초경  오후 7시부터 9시까지.

오른쪽 행각에 들어가 보니 역관 세 사람과 비장 네 사람이 한 방에 누워 자는데, 머리와 다리는 서로 뒤엉키고 아랫도리는 채 가리지도 않았는데, 그 중에는 천둥소리처럼 우악스럽게 코를 골지 않는 자가 없었다. 어떤 자는 나무를 켜는 톱니 긁는 소리를 내었으며, 어떤 자는 쉴 새 없이 혀를 차며 사람을 호되게 나무라는 소리를 내고 있고, 어떤 자는 투덜투덜 남을 원망하는 소리를 내고 있다.

만 리 길을 떠나 자나깨나 함께 고생하고 함께 하니 그 정분이 친형제와 다름없고, 생사를 함께 하는 그들인데도 불구하고 그 잠든 모습을 보니, 비록 자리는 한 자리를 차지하고는 있지만 그 마음만은 가지가지요, 마치 초나라와 월나라처럼 멀다는 것을 깨닫게 하였다.

담뱃불을 붙이고 나오려니 장군부에서부터 들려오는 개 소리가 마치 표범 소리처럼 들린다. 이경을 알리는 야경 소리가 깊은 산중에 사는 접동새 울음소리처럼 들려왔다. 뜰 한가운데를 홀로 왔다갔다 거닐면서 달리기도 하고 발자국을 크게 떼어 보기도 하면서 그림자와 어울려 노닐었다. 명륜당 위에 서 있는 고목들은 짙은 그늘을 만들고, 서늘한 잎새 끝에 방울방울 맺힌 이슬은 영롱한 구슬을 드리운 듯 달빛에 어린다.

담 밖에서는 또 삼경을 알리는 소리가 울렸다. 아아, 아깝도다, 이 아름다운 달밤을 함께 구경할 사람이 없으니. 어찌하여 이 시간에 하나같이 모두 잠들었는가. 도독부의 장군들도 역시 모두 잠들었으리라. 이렇게 생각하며 바로 방에 들어가 쓰러지듯 드러누우니 머리가 베개에 닿자마자 저절로 잠이 들었다.

**10일. 맑음.**

영돌이가 나를 깨웠다. 당번 역관과 통관들이 문 밖에 모두 모여 시간이 늦는다고 자꾸 재촉한다. 나는 막 눈을 붙인 참인데 떠드는 소리에 잠이 깼다.

야경 소리는 아직도 들려온다. 몹시 피곤한 몸에 달콤한 졸음이 와서 꼼짝도 하기 싫은데 아침국이 벌써 머리맡에 놓여 있다. 간신히 일어나서 따라가 보니 광피사표패루가 있다. 등불 빛에 좌우의 시전이 보이는데 연경에는 어림도 없고 심양 요동에 미치지 못하였다.

대궐 밖에 이르렀는데도 날이 아직 밝지 않았으므로 통관은 사신을 묘당으로 안내하여 들어가 쉬도록 하였다. 이 건물들은 작년에 새로 지은 관제묘로 겹겹이 들어선 누각과 깊은 전당, 굽은 행각, 겹친 곁채 등 모두가 조각이 공교하고 단청이 현란하였다. 중들이 모여 와서 서로 다투듯 구경하고 있다. 묘 안의 여기저기에는 연경에서 온 관리들이 머무르고 있고, 왕자들도 이 곳에 많이 와 있다고 한다.

당번 역관이 오더니,

"어제 역부에서 알려 온 것은 다만 부사와 부사의 사은만을 말한 것으로 이것은 황제가 어명을 내려 정사, 부사만을 오른쪽 계열의 좌석에 참여케 하는 것이며, 바로 그 은혜를 사례하는 것이므로 서장관이 사례하는 일은 없을 듯 하옵니다."

라고 한다. 그래서 서장관은 관제묘에 그대로 남아 있기로 하고, 정사와 부사가 궐내에 들어갈 때 나도 따라 들어갔다. 전각은 모두 단청을 입히지 않았는데, '피서산장'이라는 편액이 붙여있는데, 오른편 곁채에 예부 조방*이 있어서 통관은 그 곳으로 안내한다. 한인 상서 조수선*이 의자에서 내려와 정사의 손을 잡더니 매우 반갑다는 뜻을 전하며,

"대인은 앉으시지요."

라고 청한다. 사신은 손을 들어 사양하며 주인이 먼저 앉기를 청하였으나 조 공 역시 손을 설레설레 흔들면서,

---

* 조방  조회하러 들어갈 때의 대기실.
* 조수선  당시 예부상서.

"대인께서 먼저 앉으셔야지요."

하고 사양한다. 사신이 굳이 네댓 차례나 사양했지만 조 공 역시 끝까지 사양하여 하는 수 없이 정사와 부사가 먼저 캉에 올라앉았다. 그제야 조 공도 의자에 걸터앉더니 서로 인사를 나누었다. 우리 사신의 의관은 조 공의 모자와 복장에 비하면 훨씬 풍채가 있어 가히 선인이라 부를 수 있겠으나, 말이 잘 통하지 않고 태도가 서툴러 인사치레를 함에 있어 뻣뻣하고 서먹서먹하여, 그들의 세련되고 은근한 솜씨에 비해 생소하고 딱딱한 면이 있겠으나, 그것이 오히려 묵중한 태도를 갖게 하였다. 정사가,

"서장관의 거취는 어떻게 하오리까?"

라고 하자 조 공은,

"오늘 사례는 함께 할 것이 아니오니, 뒷날 하반에 함께 오시는 것이 좋겠습니다."

라고 말하고는 바로 일어나서 나간다. 통관이 또,

"만주인 상서 덕보가 들어옵니다."

하고 알리기에 사신이 문에 나와서 맞으며 읍하니, 덕보도 역시 읍하여 답례하며 말을 멈추고는,

"먼 길에 무탈하신지요. 어제 황제께옵서 내리신 각별한 은혜를 잘 아시는지요?"

라고 하므로 사신은,

"황제께서 베푸신 은혜 거룩하여 그 영광이 그지없소이다."

라고 하였다. 덕보는 웃으면서 무슨 말인지 지껄였으나, 그 말소리가 목에 걸리는 것처럼 또렷하지 못하여 옹인지 앙인지 분간하기 어려웠다. 만주 사람들의 말투는 대부분 그 모양이었다. 그도 역시 말을 끝마치자 즉시 나가 버렸다. 곧이어 내옹관이 찬합 셋을 내왔는데, 백설기와 돼지고기, 적과 과실들이었다. 떡과 과실은 누런 찬합에 담겼고, 돼

지고기는 은으로 만든 찬합에 담겨 있다. 예부 낭중이 곁에 있다가 말하기를,

"이것은 황제의 아침 찬에서 세 그릇을 남겨 온 것이오."

라고 한다. 조금 뒤에 통관이 사신을 안내하여 전문 밖에 나가더니 삼배와 아홉 번 머리를 조아리는 구고두의 예를 드리고 돌아왔다. 어떤 사람이 앞에 나와 읍하면서,

"이번 황제의 은총이야말로 망극한 일이오."

라고 말하고는 다시,

"귀국은 당연히 예단을 더 보내와야 할 것이오. 그리하면 사신과 종관들에게도 두 번째로 상품이 내릴 것이외다."

라고 한다. 그 사람은 만주인으로 예부 우시랑 아숙이었다. 사신은 다시 대기실인 조방에 들어가고 나는 먼저 나왔다. 대궐 밖에는 수레와 말들이 꽉 들어찼으며, 말들은 담장을 향해 나란히 늘어서 있었다. 그런데 말들이 모두 굴레도 없고 고삐도 없는데 그 모습이 마치 푸른 나무로 깎아 만들어 세워 둔 것 같다. 그 때 문 밖에서 있던 사람들이 홀연히 좌우로 쫙 갈라서는데, 떠드는 소리라곤 조금도 들리지 않았다. 모두들,

"황자께서 오십니다."

라고 고한다. 바라보니 한 사람은 말을 탄 채 대궐 안으로 들어가는데, 다른 사람들은 모두 말에서 내려 따라가고 있었다. 이 사람이 바로 황제의 여섯째 아들 영용이다. 얼굴은 흰데 몹시 심하게 얽었으며, 콧날은 낮고 작은데 비해 볼이 몹시 넓고, 흰 눈자위에는 눈꺼풀이 세 겹이니 졌으며, 어깨가 넓고 가슴이 떡 벌어져서 몸이 건장해 보였으나 귀인다운 모습은 전혀 찾아볼 수 없었다. 그러나 그는 글을 잘하고 글씨와 그림에도 통달하여 사고전서의 총재관으로, 백성들의 촉망을 받고 있다 한다.

나는 얼마 전에 강녀묘에 들렀을 때 벽 위에 셋재 아들과 다섯째 아들의 시를 깊이 새겨 간직하는 것을 본 일이 있다.

황제의 다섯째 아들의 호는 등금거사라 불리는데 시의 내용이 몹시 스산한데다가 글씨조차 매우 가냘파서 재주는 있지만 황 왕가의 부유하고도 존귀한 기상을 엿볼 수가 없었다.

또 그는 호부시랑 김간의 생질이 되며 김간은 다시 김상명의 종손이 된다. 김상명의 조부는 원래 의주 사람으로서 중국에 들어갔는데, 김상명은 예부 상서에까지 벼슬이 올랐으며, 뒷날 김간의 누이동생은 궁중에 들어가 귀비가 되어 총애를 받게 된다.

건륭제는 이 다섯째 아들에게 뒷일을 맡기려고 생각했지만, 몇 해 전에 일찍 죽는 바람에, 지금은 영용이 건륭제의 총애를 독차지하여 지난해에는 티베트에 가서 반선 교주를 맞이해 오기까지 했다 한다. 죽은 다섯째 아들이 읊은 시들은 내용이 몹시 스산하고 살아있는 여섯째 아들의 시는 귀한 기운이 전혀 없으니, 건륭제의 집안 일이 장차 어찌 되어 갈지 모를 일이다.

가산 사람 득룡은 마두로 연경에 드나든 지 무려 사십 년이 되었으므로 중국 말에 매우 능통하였다. 이 날 멀리서 많은 사람들 가운데서 그가 나를 부르기에 사람들을 밀치며 가까이 가 보니, 마침 한 늙은 몽고 왕과 서로 손을 맞잡고 이야기가 한창이었다. 그 몽고 왕은 모자에 홍보석을 달고 공작 깃을 꽂았는데 나이는 여든하나쯤이며, 키는 거의 한 길이나 되는 장신이었고 허리는 굽고 얼굴 길이는 한 자 정도나 긴데, 검은 피부에 회색 반점이 희끗희끗 하고 몸을 부들부들 떨면서 머리를 흔들어댔다. 그래서 도무지 볼품이 없어서 금세라도 곧 무너져 내릴 것 같은 나무등걸 같았는데, 온몸의 원기를 모두 입으로 내보내고 있는 듯하였다. 그 늙은 모양이 이러했으므로 그가 혹시 흉노족이라 하더라도 두려울 것이 못 되었다. 그의 뒤를 따르는 자가 수십 명인데도 아무도 그를 부축하지도 않는다.

역시 또 다른 몽고 왕이 있는데 그는 건장하고 기운도 있어 보여 득룡과 함께 가서 말을 붙였더니, 그는 내 갓을 손으로 가리키며 무슨 뜻인지 알아듣지도 못할 말로 몇 마디 묻더니만 그대로 가마를 타고 가 버린다.

득룡이 그 귀인들에게 가까이 다가가 일일이 읍하고 말을 붙이니까 그들도 모두들 읍하면서 답례하고 대답해 준다. 득룡이 나보고도 자기처럼 해 보라 하였으나 나는 처음이어서인지 어색한 데다가 말이 서툴러 도저히 할 수가 없었다. 곧 관제묘에 들어가 보니 사신은 벌써 나와서 옷을 갈아 입고 있었다. 마침내 우리는 함께 관으로 돌아왔다.

아침 식사를 마치고 후당으로 들어갔더니 왕 선비 민호가 나와서 맞이한다. 왕 선비의 호는 혹정이고, 산동도사 학성과 한방에 거처하고 있다. 학성의 자는 지정이며, 호는 장성이라 한다. 혹정이 우리 나라의 과거 제도를 묻기를,

"어떠한 글자로 무슨 글월을 지어 바치는지요?"

라고 하기에 나는 대강 과거 제도에 대해서 설명해 주었다. 그가 다시 혼인에 대한 예식을 묻기에 나는,

"관, 혼, 상, 제는 모두 주자의 가르침인 가례를 따릅니다."

라고 하였더니 혹정은,

"주자의 가례는 주부자가 완성하지 못한 책이므로, 중국에서는 꼭 이 것만을 따르지 않습니다."

라고 말한다. 그래서 나는,

"우리 나라는 비록 바다 저편 귀퉁이에 자리잡고 있으나 네 가지의 좋은 점이 있습니다. 온 나라의 풍습이 유교를 숭상함이 그 첫째요, 땅에서 황하처럼 홍수가 날 걱정거리가 없음이 둘째이며, 고기와 금이 많아 딴 나라에서 얻어 오지 않음이 셋째요, 아낙네는 두 지아비

를 섬기지 아니함이 그 넷째 좋은 일입니다."

하고 말하였다. 지정이 혹정을 돌아보며 둘이서 무어라고 주고받더니 이윽고 혹정이,

"참으로 좋은 나라요."

라 하고 지정은,

"아낙네가 지아비를 바꾸지 않는다지만 온 나라가 모두 그럴 수야 있 겠습니까?"

라고 한다. 나는,

"나라 안의 천한 농민이나 하인배들까지 모두가 그렇다는 것은 아닙 니다만, 명색이 선비 집안이라 한다면 설사 아무리 가난하다 하더라 도, 또 삼종의 길이 이미 끊어졌다 하더라도 죽을 때까지 과부의 절 개를 지킵니다. 이러한 기품이 아래로 비복이나 하인들에게까지 영 향을 주어 관습이 된 지 이미 사백 년이 되었습니다."

라고 하였더니 지정이,

"혹시 금지 법령이라도 정해져 있는 것이 아닌지요?"

라고 묻기에 나는,

"별로 정해진 금지 법령은 없습니다."

라고 하였다. 혹정은,

"중국에서도 이런 관습이 있어 폐단이 막심합니다. 어떤 이는 납채만 하고 초례를 하지 않았거나, 또 성례만 하고 첫날밤을 치르지 않았는 데도 불행스런 사고가 생기면 일생 동안 과부의 절개를 지켜야 합니 다. 그러나 이것은 차라리 나은 편이고, 심한 경우는 대대로 사귀어 오는 정의가 두터운 집안 사이에서는 아이가 태어나기 전부터 이미 언약부터 하거나, 또는 어릴 때 부모끼리 혼담을 정했다가 불행히 남 자에게 사고라도 생기면 독약을 마시게 하거나 함께 무덤에 들어가 게 하니, 이것은 오히려 도리에 어긋나는 일입니다. 국법으로 엄격히

이를 단속하기도 하고 그 부모에게는 벌을 주기도 했지만 관습이 되어 버렸으며 동남 지방으로 가면 더욱 심합니다. 최근의 일입니다만 그래서 학식 있는 집안에서는 여자가 다 큰 뒤에야 비로소 혼담을 꺼내게 되었습니다."

라고 한다. 내가,

"〈유계외전〉을 읽어 보면, 효자가 자신의 간을 꺼내어서 어버이의 병을 치료했고, 효자 조희건은 가슴을 가르고 염통을 꺼내다가 잘못하여 창자에 한 자 가량의 상처까지 내고도 염통을 꺼내어 삶아서 그 어머니의 병환을 고쳤는데, 바로 그 상처가 아물어 아무런 일이 없었다고 합니다. 이를 본다면 손가락을 끊었다거나 똥을 먹었다는 일만으로는 오히려 대수롭지도 않은 일이며, 눈 속에서 죽순을 딴 것이나 얼음 구멍에서 잉어를 잡았다는 것은 오히려 미련한 사람이라 생각됩니다."

라고 하였더니, 혹정은,

"그러한 일이 많습니다."

하고, 지정은,

"최근에도 산서 지방에서는 어떤 효자의 정문을 세웠다는데 그가 한 일이 이상스럽더군요."

라고 말한다. 혹정은 다시,

"눈 속에서 죽순을 캐고 얼음 구멍에서 잉어를 잡는 것이 사실이라 한다면, 이것은 천지의 조화가 온통 문란해졌다는 것이지요."

라고 하니 모두가 한바탕 크게 웃었다. 지정은 다시금,

"육수부*가 임금을 업고 바다에 들어간 것과, 장세걸이 향을 피워 배가 뒤집히기를 기원한 것과, 방효유*가 그 십족의 멸함을 달갑게 받

---

\* **육수부** 송나라 말기의 충신.

아들인 것과, 철현*이 끓는 기름을 튀게 하여 다른 사람들을 오히려 데게 한 것 등은 모두 보통 일이 아니었습니다. 그렇지 않으면 마음 흡족한 것이 못 되니, 뒷날 사람들의 입에 충신과 열사가 되는 것 역시 어려운 노릇입니다."

하고 흑정은,

"천지가 뒤집혀서 생긴지 너무나 오래되어, 뛰어나게 흔쾌한 일이 아니고서는 이름을 떨치지 못합니다. 남화노선*의 말에 '한숨을 쉬면서 효도를 행하는 것'이라고 한 것은 바로 이를 두고 하는 말입니다."

라고 한다. 나는,

"조금 전에 왕 선비께서 천지의 조화가 온통 문란해졌다고 하신 말씀이 옳은 것 같습니다. 단술을 끓여서 소주를 만든다면 전국술에 대해서는 언급할 수 없을 것이고, 입으로 담배를 피우니 매케한 것에 대해서는 말조차 꺼낼 수 없을 것입니다. 만일 이런 것들을 자꾸만 꼬집어내어 말한다면, 절의를 배척하는 의론이 세상에 또 일어날 것이지요."

라고 하였더니, 흑정은 다시,

"바로 그렇습니다. 그런데 귀국 부인네들의 의관 제도는 어떠합니까?"

하고 묻기에 나는 저고리와 치마, 또 머리 쪽지는 법을 대략 설명하고, 원삼, 당의 같은 옷가지를 탁자 위에 대강 그려서 보여 주었더니 두 사람 모두 훌륭하다고 하였다. 지정은,

---

* **방효유** 명나라 초기의 학자로서 자는 희직. 연왕의 즉위 조서의 기안을 거부하여 집안이 화를 당함.
* **철현** 명나라 초기의 명장으로서 연왕에게 사로잡혀 악형을 받음.
* **남화노선** 노자.

"다른 데 약속이 있어서 잠시 다녀오겠으니 선비께서는 가시지 마시고 조금만 더 앉아 계십시오."

하고는 금세 나가 버렸다. 혹정은 지정을 몹시 칭찬하며,

"그는 무인인데도 불구하고 학식과 글이 뛰어나 당대에 드문 사람으로 지금은 사품 병관으로 있습니다."

하였다. 그는 다시,

"귀국에서도 부인네들이 발을 묶습니까?"

하고 묻기에 나는,

"아니오, 중국 여자들의 활굽정이처럼 생긴 신발은 정말 봐주기 곤란하더군요. 뒤뚱거리며 걸어가는 모습이 마치 보리씨를 뿌릴 때 처럼 좌우로 흔들거리며 바람이 불지 않는데도 자꾸 넘어지니 그게 무슨 꼴입니까?"

라고 하자 혹정은,

"이것 때문에 도륙까지 당하였으니 세운을 짐작하시겠지요. 전 왕조인 명나라 때에는 그 죄가 부모에게까지 미쳤고, 우리 때에 와서도 이것에 대한 금지령이 매우 삼엄하였으나 끝내 이를 막을 수 없었답니다. 대체로 남자는 따라도 되지만 여자는 따르지 말라는 말 때문이지요."

라고 한다. 나는 다시금,

"모양도 흉하고 걷기에도 불편한데, 왜 구태여 그런 짓을 하게 되었을까요?"

라고 하자 혹정은,

"만주 여자들과 나르게 보이려고 그렇게 한 것이지요."

하고는 금방 붓으로 지워 버리고 다시 이어서,

"절대로 고칠 생각을 하지 않는답니다."

라고 한다.

이에 나는,

"삼하 통주 사이에서 한 걸인 노파가 머리에 꽃을 가득 꽂고 발을 싸맨 채 말을 뒤쫓아 오면서 구걸하는데 그 모양이, 마치 배불리 먹은 오리처럼 넘어질 듯 말 듯 뒤뚱거리는 것이 내가 보기에는 만주 여자보다 오히려 더 흉하더군요."

라고 하였더니 혹정은,

"그래서 삼액이라고들 말하였지요."

라고 한다. 나는,

"삼액이란 무엇인가요?"

하고 물었더니 혹정은,

"남당* 때에 장소랑*이란 궁인이 송나라의 포로로 잡혀 왔는데 송나라 궁인들이 그녀의 자그마하고 뾰족하면서 예쁜 발을 보고는 그것이 너무 좋아 서로 다투어 헝겊으로 발을 친친 싸맨 것이 풍속이 되고 말았답니다. 원나라 때는 중국 여자들이 발을 싸맴으로써 중국 여자라는 표시를 삼았고, 명나라 때에 이르러서는 이를 금지했으나 아무 소용이 없었지요. 그러나 만주족 여자들이 한족 여자들의 발을 싸맨 것을 비웃어 회음이라 하는 것은 참으로 억울한 일입니다. 이것이 바로 족액이라는 것이지요. 홍무 때 고황제가 백성들 몰래 신락관을 둘러보려고 거닐 때 어떤 도사가 실을 가지고 망건을 떠서 머리카락을 매는 것을 보고 편리할 듯하여, 이것을 빌려 거울 앞에서 써보고는 흡족하게 여겨 그 제도를 천하에 명령했답니다. 그 뒤부터는 실 대신 말갈기로 꼭 졸라매었는데 자국이 낭자했으며, 이것을 호좌건이라 부르는데 이는 앞이 높고 뒤가 낮아서 마치 호랑이가 쭈그리고

---

* 남당  오대 때 남경에 수도를 정했던 나라.
* 장소랑  남당 후주의 궁인. 초승달처럼 맵시있는 발로 금련 위에서 춤을 추어 후주의 마음을 사로잡았는데 남당이 망하자 송에 사로잡힘.

앉은 모습과 같다는 뜻입니다. 한편 이를 수건이라고도 하였는데 그 당시에도 벌써 이를 좋지 않게 여기는 사람이 있어서 천하의 두액이 모두 그물 속에 갇혔다는 뜻으로, 불편하게 여기는 사람이 많았던 것 같습니다."

하고는 붓으로 내 이마를 가리키면서 말하기를,

"이것이 바로 두액이 아닙니까?"

하고 말하기에, 나도 웃으면서 그의 이마를 가리켜,

"이 번쩍이는 것은 도대체 무슨 액인지요?"

하고 물었다.

혹정은 갑자기 슬픈 낯빛을 띠며 고개를 끄덕이더니, 곧 천하두액 이하의 모든 글자를 까맣게 칠하여 지워 버리는 것이었다. 그리고 그는 다시 말하기를,

"담배는 만력 말년에 절동과 절서 사이에 널리 퍼졌는데, 피우는 사람의 가슴을 답답하게 할뿐아니라 취해서 쓰러지게 하는 천하의 독풀입니다. 먹어서 배가 부른 것도 아닌데 천하의 좋은 밭에 심으면 그 이익이 다른 좋은 곡식과 다름없고, 부인이나 어린아이들에 이르기까지 즐겨 피울 뿐만 아니라, 그것을 좋아하는 정도가 기름진 고기나 차와 밥을 능가하더군요. 담뱃대의 쇠끝 불이 함께 입을 뜯질하니 이 역시 세운이라고 할까요. 어쨌거나 이보다 더한 변괴가 또 어디 있겠습니까. 선비께서도 이것을 즐기시는 편이신가요?"

하고 묻는다. 내가 그렇다고 대답하자 혹정은 다시,

"저는 담배를 좋아하지 않습니다. 전에 시험삼아 한 번 피워 본 일이 있었는데 구역실이 나고 취한 것처럼 쓰러질 것 같아서 몹시 혼이 난 일이 있지요. 이것이야말로 구액이라고 할 수 있습니다. 귀국에서도 사람들이 이것을 피우겠지요?"

라고 한다. 나는,

"그렇습니다. 하지만 부형이나 어른 앞에서는 감히 피울 생각을 못
한답니다."
라고 하였다. 혹정은 다시,
"그렇겠지요. 독한 연기를 내뿜는 것은 다른 사람 앞에서도 불손한
일이 될진대 하물며 부형 앞에서야 더 말할 나위가 있겠습니까?"
라고 한다. 나는,
"비단 그뿐만이 아니라, 어른 앞에서 입에 기다란 담뱃대를 물고 있
는 것은 무척 건방지고 무례해 보이기 때문이지요."
라고 말했다. 혹정은 묻기를,
"그러면 귀국에서도 담배가 재배됩니까, 아니면 중국에서 사들여 가
는 것인가요?"
라고 한다. 나는,
"만력 연간에 일본에서 들어왔는데, 지금은 토종이 중국의 것과 똑같
습니다. 청나라가 아직 만주를 차지하고 있을 때에 담배가 우리 나라
에서 들어갔으며, 그 씨앗은 원래 일본으로부터 왔기 때문에 남초라
고 부릅니다."
라고 하였다. 혹정은,
"원래 담배는 일본에서 나온 것이 아니라 서양 배에 실려 온 것입니
다. 서양, 즉 아메리카의 임금이 여러 가지 풀을 맛보고 조사해서 백
성들의 입병을 낫게 하였답니다. 사람의 비장은 토(흙)에 속하므로,
몸이 허냉하여 습기가 차면 벌레가 생기게 되는데 그것이 입에까지
번지면 금방 죽는답니다. 이에 불로써 벌레를 쳐죽이고, 목(나무)을
제압하며, 토(흙)를 도와 기운을 돕고, 습기를 털어 내어 신효를 거두
어 주기에 영초라고 불렀답니다."
라고 한다. 나는,
"우리 나라에서는 이것을 남령초라고 부르고 있습니다. 만일 이것의

신효함이 사실이라고 한다면, 수백 년 동안 온 세상 사람들이 다 함께 즐겨 피워 오는 것도 역시 그 사이에 운수가 있는 모양입니다. 이른바 선비의 세운이라 하심은 참으로 옳은 말씀입니다. 만일 이 풀이 없었더라면 세상 사람들 모두가 입창으로 죽었을지도 모르지 않습니까?"

라고 했더니 혹정은,

"저는 담배를 좋아하지 않는데도 나이 예순이 되도록 아직 입병이라곤 모릅니다. 지정도 역시 담배를 즐기지 않습니다. 대체로 서양 사람들이 과장되고 허풍된 빈말을 잘하고 속이는 말로 이익을 꾀하기를 즐기니 어찌 그들의 그런 말들을 전부 곧이들을 수가 있겠습니까?"

라고 한다.

이윽고 지정이 돌아오더니 혹정의 필담 중에 '저는 담배를 좋아하지 않는데도'와, '지정도 역시 담배를 즐기지 않습니다'라는 구절에 먹으로 동그라미를 치고,

"그것은 몹시 독합니다."

하고는 함께 웃었다. 나는 그만 하직하고 숙소로 돌아왔다.

군기대신이 황제의 명령을 받들고 와서,

"티베트의 성승에게 가보지 않겠소?"

라고 전하자 사신은,

"황제께서 저희 작은 나라를 중국과 다름없이 대해 주시니 중국의 인사와는 자연스럽게 왕래해도 상관이 없겠으나 그 밖의 다른 외국인과는 함부로 사귈 수 없는 것이 우리 나라의 법입니다."

라고 했다.

군기대신이 가고 나자, 사신들의 얼굴에는 수심이 가득하고 당번 역관들은 갈팡질팡 분주한 것이 흡사 간밤의 술이 아직 덜 깬 사람들 같

다. 그리고 비장들은 공연히 화를 내며,

"황제의 하는 일이 이처럼 괴상망측하니 필경 망하고 말 거야. 암, 반드시 망하고말지. 오랑캐니까. 그렇지만 명나라 때에야 어디 이런 일이 있을 수 있었겠나."

하고 떠드는데, 수역은 그 분주한 가운데서도 비장을 향해,

"지금은 춘추 대의를 논할 때가 아니오."

하며 나무란다. 잠시 후 군기대신이 다시 말을 달려오더니 황제의 명령을 거듭 전한다.

"티베트의 성승은 중국 사람과 같으니 즉시 가보도록 하라."

라고 한다.

그러자 사신들은 서로 의논하거나 혹은 말하기를,

"틀림없이 가보는 것만은 힘든 일이오."

라고 하거나 또는,

"글을 예부에 써서 보내어 이치로 따집시다."

라고 한다. 그 때마다 당번 역관은,

"예, 예."

라고 할 뿐이다.

나는 원래 한가로운 몸이어서 구경이나 할 뿐이지, 사행에 관해서는 조금도 간섭하지도 않았거니와 이제까지 내게 묻는 일도 없었다. 이 때 나는 마음 속으로 하도 놀랍고 신통해서 혼잣말로,

'이것이야말로 정말 좋은 기회로다.'

라고 중얼거리고는 다시 손가락 끝으로 공중에 수없이 권주를 그리며,

"좋은 세목이로다. 이런 때에 만일 사신이 소장을 올린다면, 그 의로운 명성은 세상에 드날릴 것이고 우리는 나라를 크게 빛낼 것이로다."

라고 하며, 내 스스로 다시 묻기를,

'그렇다고 설마 군사를 내야 할 것인가?'

하고 스스로 다시 답하기를,

'그것은 사신의 잘못인데, 어찌 나라에까지 화가 미칠 수 있을 것인가. 그 일 때문이라면 사신이 운남이나 귀주 같은 곳으로 귀양살이 가는 일쯤이야 있을 수 있는 일일테지. 그렇게 되면 나 혼자 우리 나라로 돌아갈 수가 있을테지. 그러면 서촉과 강남의 땅도 곧 밟을 수 있게 되겠군. 강남은 그래도 가깝다 하지만 교주라든가 광주라든가 하는 곳은 연경에서 만여 리 길이나 된다고 하니 나의 구경도 한없이 많아지겠군.'

하고 마음 속으로 매우 기뻐하며 그 길로 밖으로 뛰어나가 동상 아래 서서는 건량의 마두인 이동을 불러,

"빨리 술을 사오너라. 돈 같은 것은 아낄 것 없다. 내 이제부터 너와는 이별이다."

하며 술을 마시고 들어갔다.

그러나 지금까지 의논이 되어 있는 것은 없는 상태다. 예부의 독촉이 성화 같아서 배겨낼 수 없을 것이다.

어느새 늦어져서 안장과 말을 정돈하는 사이에 벌써 해가 기울었고 낮이 지나자 날씨는 몹시 뜨거웠다. 행재소의 대궐문을 지나 성을 돌아서 서북을 향해 채 반도 가지 못했을 무렵 갑자기 황제의 명령이 전달되었다.

"오늘은 이미 늦었으니 사신들은 일단 돌아갔다가 다른 날을 기다리라."

고 한다.

이 말에 서로 놀라서 되돌아섰다.

이른바 성승이란 티베트의 승왕인데, 호는 반선불이라고도 하고 장리불이라고도 하며, 중국 사람들은 대부분 그를 숭앙하여 산 부처님이

라고 일컫는다. 그는 스스로 이르되,

"42대 전신*이며, 전신은 대부분 중국에서 태어났으며, 나이는 지금 마흔셋이오."

라고 한다.

지난 5월 스무날에 열하로 찾아와서 따로 궁을 짓고 스승으로 대접을 받고 있는 것이다. 어떤 사람은 일러 말하기를,

"그는 하인이 매우 많으며, 이 곳으로 들어오면서 차츰 떨어져 나가긴 했지만, 그래도 그를 따라온 자들은 수천 명을 넘으며, 그들은 모두 비밀리에 무기를 숨기고 있는데도 황제만은 그 사실을 모르고 있습니다."

라고 한다.

하지만 일부러 민심을 어지럽히려고 하는 말인 것 같다. 그리고 또 거리에서 아이들이 부르는 '황화요'도 이를 두고 하는 말이라고 한다. 그런데 그 시는 육리자가 지은 것으로 다음과 같다.

붉은 꽃 모두 지고 노란 꽃 피어나네.

붉은 꽃이란 붉은 모자를 썼음을 뜻하는데, 이는 몽고와 티베트는 모두 노란 모자를 쓴다는 것에서 나온 말이었다. 또 다른 한 노래에서는,

원은 옛 물건이니 누가 정말 주인인가.

라고 하였다.

이 두 노래를 살펴볼진대 모두 몽고를 두고 노래한 것임에 틀림없다.

---

* 전신  라마교에서 말하는 전생. 반선이 죽는 순간 국내 다른 집에서 아기로 다시 태어나면 그 아기를 찾아 길러서 후계자로 삼는다고 함.

지금 몽고는 마흔여덟 부가 강한데, 그 중 티베트가 제일 무서웠다. 티베트는 서북쪽의 몽고족이었으며, 몽고의 별부로서 황제가 가장 두려워하는 존재였다.

박보수가 예부에 가서 일을 알아보고 와서 말하기를,

"황제께서 말씀하시기를 '그 나라는 예의를 아는데 사신들은 예의를 모르는도다.' 하시더군요."

하였다.

그 말에 보수와 통관들은 모두가 가슴을 치고 울면서,

"우리들은 죽겠습니다그려."

라고 한다.

하지만 이것은 통관 무리들이 곧잘 해대는 버릇이라고 한다. 설령 털 끝만한 사소한 일이라 하더라도, 황제의 명이라면 갑자기 죽는다고 트집을 잡기가 다반사인데 그럼에도 중도에서 돌아가라고 함은 마음이 불쾌함을 뜻한 것이다.

또 예부에서 전하는 말 가운데 '예를 모르네' 라는 구절은 바로 불평을 나타낸 말이어서 통관들이 가슴을 치며 우는 것도 공연한 허세는 아니겠지만, 그 태도가 하도 망측하고 요란스러워서 사람들은 웃음이 터질 지경이다.

우리 나라 역관들도 두렵기는 했을 테지만 조금도 흔들리지 않았다. 저녁에 예부에서 전하되,

"내일 식사 뒤나 모레 아침 쯤에 황제께서 사신을 만나 뵈올 것이니 늦지 않게 일찍 서두르록 각별히 조심하라."

라고 한다.

저녁 식사를 마치고 윤형산을 찾아갔더니 마침 혼자 앉아서 담배를 피우고 있다가, 친히 담배에 불을 당겨 내게 권하면서,

"영형 대인께서는 귀체 안녕하신지요."

라고 한다. 나는 이에,

　"황제 폐하 덕택으로 별고 없으시답니다."

라고 했더니, 그가 다시 〈계림유사〉*를 묻기에 나는,

　"그것은 열수 지방의 사투리와 다름없는 것입니다."

라고 하였다.

　윤 공은 다시,

　"귀국에 〈악경〉이 있다고 하는데 정말 그렇습니까?"

라고 묻는데, 마침 기 공이 들어와서 '악경'이란 글자를 보고는 역시,

　"귀국에는 안 부자*가 지은 책이 있다고 들었습니다. 그런데 중국에
　서 온 사신이 이 두 책을 가지고 나오면 압록강을 건너지 못하게 한
　다는게 그것이 정말입니까?"

라고 한다.

　나는,

　"공자가 계신데 안회가 어찌 책을 지었겠으며 진시황이 시(詩)·서
　(書)를 모두 불살랐을 때 어찌 〈악경〉만이 빠질 수 있었겠습니까?"

라고 하자 기 공은 고개를 끄덕이며,

　"정말 그렇겠군요."

라고 한다.

　나는 다시,

　"중국은 문화가 집중되는 곳인데, 만약 우리 나라에 정말 이 두 책이
　있어서 그것을 가져오려는 사람이 있었다면 모든 신령들이 보호할텐
　데 어찌 강물을 능히 건너지 못하겠습니까?"

라고 하니 윤 공은,

---

＊〈계림유사〉　송나라 손목이 우리 나라 고사를 적은 책으로서 계림은 경주를 말함.
＊안 부자　〈논어〉에서 안회의 '선생님이 계신데 어찌 제가 죽을 수 있으리까.' 라는 말을 해학
　　조로 이용한 것임.

"옳은 말씀입니다. 〈고려지〉도 일본에서 나왔으니까요."

라고 하므로 내가,

"〈고려지〉라니, 몇 권이나 되는데요?"

라고 묻자 윤 공은 이에,

"난완 무공련이 초한 〈청정쇄어〉에 고려서목이 있더이다."

라고 한다.

기 공이 나를 이끌고 밖으로 나와 달 구경을 하는데 때마침 달빛이 대낮처럼 밝았다. 나는,

"만약 달 속에 또 하나의 세상이 있다면, 마침 달에서 땅을 바라보는 이가 있어 그 난간 아래에 비스듬히 선 채 우리처럼 땅빛이 달에 가득한 것을 구경하고 있겠지요."

라고 하자, 기 공이 난간을 치면서 기묘한 말이라고 감탄했다.

**11일. 맑음.**

새벽에 사신들은 대궐로 들어갔다. 덕상서가 사신들과 인사를 나눈 뒤에,

"내일은 반드시 만나 보시겠다고 명령이 내려 올 테이지만, 그렇다고 오늘 그러한 명령이 꼭 없으리라고 확언할 수는 없사오니 잠깐만 조방에 가서서 앉아 기다리십시오."

라고 한다.

사신이 모두 조방에 들어간 뒤, 황제가 또 음식 세 그릇을 남겨 보냈는데 음식물은 어제와 똑같았다. 나는 궐문 밖으로 나가서 천천히 걸어 다니며 구경을 했는데, 어제 아침보다 더 복잡다단했다.

검은 먼지는 공중에 가득하고 길가의 찻집과 술집에는 수레와 말들

이 가득 차서 득시글거렸다. 나는 아침 일찍 깨었기 때문에 속이 비었다. 그래서 혼자 사관으로 오는데 준마를 탄 한 젊은 중이 검은 비단으로 만든 모난 모자를 쓰고 공단으로 만든 도포를 입었는데, 얼굴이 잘생기고 의관 차림이 깔끔하여 참으로 중으로는 아까울 정도였다.

중은 의기양양하게 지나가다가, 큰 노새를 타고 오는 어떤 사람과 만났다. 그들은 말 위에서 손을 붙잡고 서로 반가워하더니 중이 갑자기 화를 낸다. 그러더니 둘은 고성을 지르며 드디어는 말 위에서 서로 싸우기 시작했다.

중은 두 눈을 부릅뜨고 한 손으로 상대의 가슴을 움켜잡고, 또 한 손으로는 머리를 친다. 노새를 탄 자가 몸을 숙이면서 약간 비키니까 모자가 떨어져 목에 걸렸다.

노새를 탄 자도 역시 체격이 건장하고 머리와 수염이 조금 희끗희끗한데 기색을 살펴보니 중에게는 조금 눌리는 기색이었다. 이윽고 둘이 서로 껴안은 채 안장에서 떨어져 땅에 뒹굴게 되었는데, 처음에는 노새를 탔던 자가 중을 올라타 깔고 앉았으나 나중엔 뒤집혀서 중이 그 사람의 배 위에 올라탔다.

서로 한 손으로 서로의가슴을 움켜잡았기 때문에 때릴 수가 없어서 얼굴에다 침을 뱉는다. 노새와 말은 마주서서 우두커니 움직이지도 않고 서 있다. 둘이 한 덩어리가 된 채 길을 뒹굴어도 주위에는 구경하는 사람도 없고 뜯어 말리는 사람도 없다. 다만 서로 쳐다보거나 내려다보며 숨만 헐떡거릴 뿐이었다.

한 과일 상점에 들렀더니 마침 새로 난 과일이 산더미처럼 쌓여 있었다. 노선* 일 백으로 배 두 개를 사 가지고 나오려니, 맞은편 술집의 깃대가 헌함 앞에 펄럭거리며, 은호와 술병이 처마 밖에까지 너울거린다.

---

* 노전  중국의 엽전.

푸른 난간이 공중에 걸려 있고, 금빛 현판이 햇빛에 반짝인다. 양쪽의 술집 푸른 깃폭에는,

신선의 옥패 소리 이 곳에 머무르고
공경의 금초구는 끌러서 주네.

라는 글이 씌어 있다. 다락 아래에는 수레와 말이 몇 필 놓여 있는데, 다락 위에 있는 사람들이 내는 웅얼거리는 소리가 마치 벌과 모기들의 소리 같다. 나는 발길 닿는 대로 다락 위로 올라가 보니 층계가 모두 열둘이었다. 사람들이 탁자를 가운데 두고 서넛 또는 대여섯명씩 끼리끼리 의자에 둘러 앉았는데, 모두 몽고 계통의 사람들로서 무려 수십 패나 되었다.

몽고 사람들의 머리에 두른 것은 꼭 우리 나라의 쟁반 모양으로 생겼는데, 머리를 덮는 부분은 없고 꼭대기는 양털로 꾸몄으며 노란 물을 들였다.

그 중 어떤 사람은 갓을 쓰기도 했는데, 그 모양이 우리 나라 벙거지와 같았으며 등이나 가죽으로 만들어서 안팎에 금칠을 하거나 오색으로 구름 무늬 같은 것을 그리고 있었다.

모두들 누런 옷에 붉은 바지를 입었으며, 몽고인 회자*는 대부분 붉은 옷을 입었는데 역시 검은 옷을 입은 자도 많았다. 붉은 천으로 고깔을 만들어 썼는데 테두리가 너무 넓어서 전후에 차양만 달았을 뿐이며 그 모양도 또르르 말린 연잎이 물 속에서 지금 막 나온 것과 같았다. 또 두 끝이 약을 가는 쇠방망이처럼 뾰족하고 가벼우며 투박해 보이는 것이 우스꽝스럽기도 했다.

---

* **몽고인 회자**  중국 안에 살며 이슬람 교를 믿는 소수 민족. 한족과 아라비아 인의 혼혈.

내가 쓴 갓은 벙거지처럼 생긴 것으로, 은으로 술을 달고 꼭지에는 공작 깃을 꽂았으며, 턱은 수정 끈으로 매었는데 저들 두 오랑캐의 눈에는 어떻게 보일까 하는 생각이 들었다. 다락 위에는 만주족이건 한족이건 간에 중국인이라고는 한 사람도 없었다.

두 오랑캐의 생김새가 사납고도 지저분해서 올라온 것이 후회스러웠으나 이미 술을 주문한지라 그 중에 좀 좋아 보이는 교의를 찾아 앉았다. 사동이 오더니,

"몇 냥어치의 술 마시겠습니까?"

하고 묻는다.

여기서는 술의 무게를 달아서 판다. 나는,

"넉 냥어치만 가져오렴."

하고 일러 주었더니 심부름꾼이 가서 술을 데우려 하기에 내가,

"데우면 안 돼. 찬 것 그대로 가져오너라."

라고 하자, 술집 사동이 웃으면서 술을 가져오더니 작은 잔 둘을 탁자 위에 올려 놓는다. 그래서 나는 담뱃대로 그 잔을 모두 쓸어 엎어버리고,

"커다란 술종지를 가져와."

하고 외쳤다.

그리하여 큰 술잔에 부어서 단번에 모조리 마셔버렸다. 그러자 되놈들이 서로 얼굴을 쳐다보며 크게 놀라는 표정을 감추지 못했다. 내가 기분좋게 마시는 것을 모두 경이스러운 눈초리로 바라보는 것 같았다.

중국은 술 마시는 법도가 몹시 엄격하여 한여름에도 반드시 데워서 먹을 뿐 아니라 심지어 소주 종류까지도 끓여서 먹는다. 술잔은 은행알만큼 작은데도 뜨겁게 데워서 탁자 위에 올려 놓고는 조금씩 마시지, 한꺼번에 다 마셔 버리는 법은 좀처럼 없다.

만주족들도 마찬가지여서 세상에서 말하는 이른바 큰 종지나 사발에

부어 마시는 일은 전혀 없었다. 내가 찬 술을 달라고 하여 넉 냥어치를 한꺼번에 다 마셔 버린 것은, 저들에게 겁을 주기 위해서 일부러 대담한 체한 것뿐이다. 사실 말하자면 겁쟁이의 짓이지, 참다운 용자의 짓은 못 되는 것이다.

내가 찬 술을 달라고 하자 되놈들은 이미 삼푼쯤 놀랐는데 한꺼번에 마시는 것을 보고는 더욱 경악하여 이제는 나를 몹시 두려워하기까지 하는 것이었다. 주머니에서 여덟 푼을 꺼내어 사동에게 값을 치르고 나오려고 하는데 뭇 되놈들이 모두 의자에서 내려서더니 머리를 조아리며 다시 한 번 앉을 것을 청한다.

그러고는 그 중 한 사람이 자리에서 일어나더니 나를 자리에 앉히는 것이다. 저희는 호의로 하는 것일 테지만 나는 벌써 등줄기에 식은 땀이 배었다. 내가 어릴 때 하인들이 저희끼리 모여 술 마시는 것을 보았는데 그 주령 가운데,

"자기 집을 지나쳐 가면서도 들어가 본 일이 없는데 나이 칠십에 아들을 얻고 보니 등줄기에 땀이 젖는다네."

라는 구절이 있었다.

나는 원래 웃음을 참지 못하는 성질인데 너무 웃은 나머지 사흘 동안 허리가 시큰거렸다. 오늘 아침에 이렇게 만 리 변방에서 홀연히 여러 되놈들과 함께 술을 마셨으니 혹시 주령을 써낸다면 실로,

"등줄기에 땅이 솟는다."

라고 해야 마땅하리라.

한 되놈이 일어나 술 석 잔을 붓더니 탁자를 탁탁 치면서 마시라고 권유한다. 나는 일어나서 그릇에 담긴 차를 난간 밖으로 쏟아 버리고는, 그 석 잔을 한 그릇 속에 모두 붓고는 한번에 마셔 버렸다. 그리고는 몸을 돌려서 한 번 읍을 한 후에 큰 걸음으로 층계를 내려오는데, 무엇인가가 뒤따라오는 것처럼 머리 끝이 오싹했다. 밖으로 나와 길 가운

데 서서 위층을 올려다보니, 와자지껄 웃고 지껄이는 소리가 소란하다. 아마도 내 말을 하는 모양들이었다.

사관으로 돌아오니 점심 식사 시간이 아직 멀었기에 윤형산의 처소에 들렀다. 그러나 그는 조정에 나가고 없기에 다시 기 안찰을 찾아갔으나 그도 역시 처소에 머물러 있지 않았다.

그래서 또 황 혹정을 찾아갔더니, 〈구정 시집서〉 한 권을 꺼내어 보여 주는데 글도 별로 잘 되지 못한 데다가 전편이 오로지 강희 황제와 지금 황제의 성덕과 대업만을 기록한 것으로, 너무 요란스러울 정도로 그들을 요와 순에 비교하고 있었다. 미처 다 읽지도 않았는데 창대가 와서,

"좀전에 황제께서 사신들을 만나 보시고 산부처님께 가 보라고 하셨습니다."

라고 한다.

나는 점심을 재촉하여 먹고 의주 비장과 함께 궐내에 들어가서 사신을 찾았으나 벌써 반선의 처소로 가 버린 뒤였다.

바로 궐문을 나오는데 그 때 황제의 여섯째 아들이 문에 이르러 말에서 내리더니 말을 문 밖에 매어 두고는 구종들과 함께 급한 걸음으로 들어간다. 어제는 말을 타고 그대로 들어가더니, 오늘은 왜 말에서 내리는지 알 수가 없다. 궁성을 끼고 왼편으로 돌아가니 서북쪽 일대의 궁관과 절들이 차례로 한눈에 들어온다. 네댓 층짜리 누각들도 눈에 들어오는데 아마도 이것이,

상강에서 배를 타고 굽이굽이 돌아들며
형산 아홉 봉우리의 그 모습 다 보이는구나.

라고 읊은 시를 말함이리라. 숙위 장정들이 군포가 있는 곳에 모두 나

와서 보고 있다가, 내가 혼자 갈 곳을 몰라 방황하는 것을 보고는 다투듯 서북쪽으로 멀리 길을 가리켜 준다. 그리하여 비로소 시내를 끼고 따라 가보니 물가에는 수천 개나 되는 하얀 군막들이 늘어섰는데, 모두 다 수자리 사는 몽고병들이었다. 다시 눈을 돌려 북쪽 먼 하늘가를 바라보니 갑자기 두 눈이 어질어질해진다.

금옥이 허공에 우뚝 솟아 구름 속에 들어가 있어 햇빛에 눈이 부신 까닭이다. 강에는 거의 일 리나 되는 다리가 놓여 있으며, 난간을 꾸민 단청이 서로 어리고 비치는데, 몇 사람이 그 위로 걸어다니는 모습이 마치 아련한 그림처럼 보였다.

막 다리를 건너려고 하는데 모래 위로 황급히 사람이 오면서 손을 휘젓는다. 건너지 말라는 것 같다. 마음이 몹시 급해져서 말에 자꾸만 채찍질하였으나 걸음은 도리어 더 느린 것 같다. 이윽고 말에서 내려 강을 따라 걸어 올라가니까, 돌다리가 있고 그 다리 위로 우리 나라 사람들이 많이 오고가기에 문을 열고 들어가 보니 기묘한 바위와 요상스런 돌들이 층층으로 쌓여 있지 않은가. 그 재주의 신기함이 사람의 것이 아니라 귀신의 솜씨 같다.

사신들과 당번 역관은, 궐내에서 곧바로 왔기 때문에 내게 미처 알리지 못한 것을 안타깝게 여기고 있었는데, 뜻밖에 내가 나타나자 모두들 나를 향해 어지간히 구경을 좋아한다고 놀려댔다.

연경 숲 사이로 자주색, 홍색, 초록색, 청색 등 여러 가지 채색 기와로 이은 집들이 보였으며, 어떤 것들은 정각 꼭대기에 황금색 호로병을 세운 것도 있었지만, 지붕 위에 금기와를 올린 것은 보지 못했다. 지금 이 집을 덮은 기와가 순금인지 도금한 것인지는 알 수 없으니 2층 대전이 둘, 다락이 하나, 문이 셋 있었다.

그 나머지 전각은 여러 가지 색깔로 만들어진 유리 기와로 꾸며졌는데, 이것과 비교하면 보잘것 없을 정도로 무색해 보였다. 동작대의 기

와는 가끔 캐내어 옛 것의 연구에 사용하는데 그것은 가마에 구운 것이
지 유리가 아니었다. 유리 기와는 어느 때부터 시작되었는지는 알 수
없지만 시인이 이른바,

　　옥섬돌에 금지붕이로다.

라고 감탄한 것이 실로 오늘 내가 보고 있는 것과 같은 것인가. 그러한
일이 역사책 같은 것에 나타난 것으로는,
　　"한 성제가 소의*를 위하여 집을 짓게 했는데, 그 체를 모두 구리로
　　만들고 그 위에 황금을 덧입혔노라."
라고 하였고, 당의 학자 안사고는 여기에 주석을 달아,
　　"체라고 하는 것은 문지방이니, 구리를 그 위에 덧입히고 그런 다음
　　에 또다시 금을 덧입혔음이라."
라고 하였다. 또 사전에,
　　"바람벽 가운데에는 가끔 황금강을 만들어서 박고, 남전산에서 나오
　　는 옥이나 진주나 비취로 날개를 만들었다."
라고 했는데, 복건*은 말하기를,
　　"강이란 벽 한가운데를 가로지르는 것이다."
라고 하였으며, 진작*은,
　　"금고리처럼 만든 것이다."
라고 하였다.
　　무릇 반고* 같은 무리들은 몇 번이나 열심히 황금이란 말을 자꾸만
되풀이했으니 천 년이 지난 지금에 이르러 책을 한번 펼쳐보면 더욱더

---

* **소의**　궁녀의 벼슬 이름의 하나. 당시의 소의는 바로 조비연의 자매.
* **복건**　전한 말기의 학자.
* **진작**　진의 학자.
* **반고**　〈한서〉의 저자.

눈이 부시고 휘황찬란할 지경이다. 그러나 이것은 벽이나 문지방 등에 금을 칠한 정도를 가지고 역사를 쓴 사람들이 너무나 과장한 것일 뿐이다.

실제로 소의의 자매에게 이 집을 보여 준다면 틀림없이 침상에 쓰러져서 울고 몸부림치며 밥도 안 먹었을 것이고, 설령 성제가 화려하게 지으려고 했더라도 안창*·무양* 등의 무리가 모두 전부 유학자들이므로 옛 경서를 인용하며 이것을 반대했을 것이 틀림없다. 따라서 성제의 역량으로서는 어찌 할 수 없을 것이며, 설령 그 뜻과 같이 되었다 할지라도 반고의 필력으로 어찌 포장할 수 있었겠는가. 아마,

"금전이 알쏭달쏭하구나."

라고 하지 않았을까. 필경 이것을 지워 버렸을 것이고, 또,

"금궐이 하늘 높이 솟아올랐다."

라 했을 것이며, 그러한 후에는 한 번 읊어 보고 다시 지워 버렸을 것이다. 또한,

"2층 대궐을 짓고 기와에는 황금색을 칠했도다."

라고 했거나, 또는,

"임금님께서는 황금전을 지으셨도다."

라 하였을 것이다. 아무리 양한 때의 문장이라 하더라도 그가 제목을 붙일 때는 항상 엄청나게 과장해서 말하곤 하니 이것은 천고의 작가가 영향을 준 한이라 하겠다.

예를 들자면, 한 폭의 그림으로 궁실을 잘 꾸며 그린다 하더라도 궁실에는 네 개의 벽이 있고, 또 안팎이 있으며 겹친 곳도 있지 않을 것인가. 이것은 비록 서양의 그림이 아무리 잘 표현되었다 하더라도 오로지 한 면만을 그린 격이니 나머지 세 면은 그릴 수 없을 것이 뻔한 일이요,

---

*안창  성제의 스승.
*무양  성제의 재상.

그 나머지는 그린다 하더라도 내부는 그릴 수 없을 것이다. 또한 복전, 첩사, 회랑, 중각 등의 날아갈 듯한 처마 끝과 단아한 툇마루는 그려 넣을 수 있었겠지만 그곳에 새긴 것들은 섬세하고 털끝 같아, 그림으로서는 도저히 이를 나타낼 수 없음이니 그것이 바로 천고 화가가 미친 한이라 하겠다. 그래서 우리 공부자께서는 이미 이 두 가지에 대하여 말씀하시기를,

"글의 힘만으로는 하려고 하는 말을 다 나타낼 수 없고 그림도 역시 그 힘만으로는 뜻하는 바를 모두 표현할 수 없을 것이다."
라고 했던 것이다.

천하에 사관이 만을 헤아린다 하지만, 금을 입힌 것은 다만 산서 오대산에 있는 금각사가 있을 따름이다. 당 대종 대력 2년에 왕진*이 정승이 되면서, 중서성 부첩을 내리고 오대산에서 사는 승려 수십 명을 각지로 파견하여 시주를 모아서 이것을 짓게 하였는데, 구리쇠로 기와를 굽게 하고 거기에 금물을 입혀 그 비용이 수십만 금에 달했는데 그 집이 지금까지 남아 있다고 전해지고 있다. 이제와 보니 이 기와 또한 구리쇠로 굽고 금을 입혔을 것이다.

언젠가 요양*의 거리에서 잠깐 쉬고 있을 때였다. 사람들이 앞을 다투어 가면서,

"황금을 가지고 오셨나요?"
하고 물었다. 그래서 내가,

"금은 토산이 아니랍니다."
라고 말했더니, 그들은 한결같이 비웃는 것이었다. 심양, 산해관, 영평, 통주를 지나갈 때에도 사람들은 하나같이 금에 대해서 물어 보기에 나는 몇 번이고 처음과 똑같은 대답을 하였다. 그러면 그들은 문득 자기

---

* **왕진** 당의 시인 왕유의 아우. 자는 하경. 대종 때 정승으로 불교를 열심히 믿었음.
* **요양** 중국 북동부, 요령성의 도시.

모자 맨 꼭대기를 가리면서,

"이것은 조선 금이랍니다."

라고 말했다.

연암에 있는 우리 집은 송도 가까이에 있어서 가끔 그 곳에 드나들기도 했었는데, 송도는 곧 연상*을 기르는 곳으로 해마다 7, 8월 경부터 10월 사이 중간에 금값이 뛰어올라 한 푼쭝에 엽전으로 계산하여 마흔 다섯 닢, 혹은 쉰 닢씩이나 하게 된다.

우리 나라에서는 금을 사용할 데가 별로 많지 않아 문무 이품 이상의 금관자나, 금띠를 보더라도 항상 새로 만드는 것이 아니라 대개는 서로서로 빌려서 사용하며, 시집가는 새색시의 반지나 비녀 같은 것도 그리 흔치 않아서 금은의 흔하기가 흙과 다를 바 없는데 그러한 금의 귀하기가 이렇게 된 까닭은 무엇일까?

한번은 내가 압록강을 건너려고 하기 직전에 박천 땅에 이르러 길가에 말을 세워 놓고 버드나무 아래서 땀을 식히는데, 남부여대하고 떼를 지어 가는 사람들을 보았다. 그들은 모두가 열아홉 살 쯤 되어 보이는 남자와 여자아이들을 데리고 가는데 꼭 흉년에 유리하여 가는 것처럼 보이기에 이상한 생각이 들어 물어 보니,

"성천 금광으로 가는 길입니다."

했다. 그 도구를 보니, 나무바가지 하나에 포대 하나, 그리고 끌뿐인 듯했다. 그러니까 끌로 파내어 포대에 담아서 바가지로 일어내는 것이다. 하루 종일 흙 한 포대만 일어내면 별로 힘들이지 않고 먹고 살 수 있는데, 어린 여자아이들이 더 잘 파내고 일어내는 것은 눈이 어둡지 않아서 금을 더 잘 파낸다는 것이다. 나는 그 사람들에게,

"하루 종일 파내면 금을 얼마나 얻게 되오?"

* 연상  연경에 드나드는 장사꾼.

하고 물었더니, 그들은,

"그것은 그 날 운에 달렸지요. 어떤 때는 하루에 열 알 이상 얻을 때도 있고, 재수가 없을 때는 서너 알밖에 얻지 못할 때도 있지요. 운이 좋으면 한순간에 억만 부자가 되기도 한답니다."

라고 했다.

"그렇다면, 그 알은 도대체 어떻게 생겼습니까?"

하고 물어 보니,

"대개는 피 낟알만하지요."

라고 했다.

이것은 농사짓는 일보다 이익이 좋은 편으로, 한 사람이 평균 하루에 얻어 내는 금이 적어도 육칠 푼쭝이 되므로 돈으로 환산하면 두세 냥이나 된다고 한다.

그래서 농사짓는 사람들이 대부분 농장을 떠나서 이 곳에 모여들고 있으며 여러 곳에서 건달패와 놈팡이들까지 달려들어 마침내 마을이 형성되고 무려 십여만 명이 들끓게 되어 곡식이나 그 밖의 여러 가지 물건들이 들어와 술이나 밥, 떡과 엿 같은 것을 파는 장사치들로 온 산골이 가득가득 차 있다고 하지만 나는 잘 모르는 일이다.

그 금은 도대체 어디로 가는 것이며, 그 금이 많으면 많을수록 금값이 더욱 올라가는 까닭은 무엇인지. 이제 이 기왓장에 물들여 놓은 금이 우리 나라 금인지 어느 나라 금인지 알 수가 있겠는가?

정초의 세폐*에 제일 먼저 금을 면제케 한 것은 토산이 아닌 까닭이다. 어쩌다 부당한 이득을 취하려는 장사치들이 법을 어기고 아무도 모르게 실짝 금을 팔다가 이 사실이 청나라 조정에 알려지게 되는 날이면 사단이 생길 우려가 있으며, 황제께서 이미 황금으로 지붕을 칠하였으

---

＊세폐  해마다 중국 조정에 바치던 공물.

니 우리 나라에 있는 금광을 누가 열게 하겠는가?

대 위에 놓인 작은 정자의 창호는 하나같이 우리 나라에서 나는 종이로 바르고 있었다. 창 틈새로 들여다보니 속에는 아무것도 없이 텅 비었는데, 의자, 탁자, 향로, 화병 등이 매우 멋있어 보였다.

사신들은 하인들을 문 밖에 세워 두고 함부로 출입하지 않도록 엄히 일러 두었지만 얼마 지나지 않아 모두가 기어올라 갔다. 역관과 통관들이 깜짝 놀라 호령하며 내쫓자 그들은,

"저희들이 어찌 마음대로 들어왔겠습니까. 문지기가 서둘러 먼저 들어가지 않을까 염려하면서 올라가기에 따라온 것 뿐입니다."

라고 한다. '찰십륜포'와 '반선시말'의 기록은 따로 있다.

정사가 이르기를,

"오전에 사찬*이 있은 후에 조금 있다가 부르겠다."

고 명령했다. 통관이 정문 앞으로 인도하였는데, 동쪽으로 난 협문에는 시위하는 여러 신하들이 여기저기 서 있기도 하고 앉아 있기도 하였다. 덕 상서와 낭중 몇 사람이 와서 사신의 출입을 알선하는 순서를 일러 주고 돌아갔다. 마침내 군기대신이 황제의 지시를 받고 와서,

"당신 나라에도 사찰이나 관제묘가 있습니까?"

하고 묻는다.

조금 있으려니 황제가 정문으로 해서 문안에 깔아 놓은 벽돌 위에 나와 앉았다. 의자와 탁자도 가져오지 않고, 다만 평상 위에 누런 색 방석을 깔았는데 양 옆의 시위도 모두 누런 색 옷을 입고 있었다. 그 가운데 칼을 지닌 사람은 서너 쌍에 지나지 않고, 누런 색 양산을 받치고 서 있는 사람은 두 쌍이었다.

그 사람들은 모두가 냉엄한 표정으로 침묵을 지키고 있었다. 먼저 회

---

* 사찬  임금이 아랫사람에게 음식을 내려 주는 것.

자의 태자가 맨 앞으로 나와서 몇 마디 말하고 물러간 뒤에 사신과 세 사람의 통사를 나오라고 하자 모두 나가서 무릎을 꿇었다. 이것은 무릎이 땅에 닿기만 할 따름이지 엉덩이를 발바닥에 붙이고 앉은 것은 아니다. 황제께서,

"국왕께서는 안녕하신가?"

하고 물으시니, 사신은 공손한 태도로,

"네, 그렇사옵니다."

라고 대답하였다. 황제께서 다시,

"만주 말을 썩 잘하는 사람이 있는가?"

하시자, 상통사 윤갑종이 앞으로 나서며,

"제가 조금 할 줄 아옵니다."

라고 만주 말로 대답하니 황제는 좌우를 둘러보며 즐거이 웃었다.

황제의 네모진 얼굴은 희고 조금 누런 빛을 띠었고, 수염은 절반가량이 하얗게 세었으며 나이는 예순 살 가량으로 봄날의 화창한 기운을 슬픈 듯이 지니고 있었다.

사신이 반열에서 물러나가자 무사 예닐곱 명이 차례차례 들어오더니 활을 쏘기 시작하는데, 화살 하나를 쏘고는 반드시 꿇어앉아서 소리를 지른다.

그래서 과녁을 맞힌 사람은 두 명 뿐이다. 그 과녁은 흡사 풀로 만든 우리 나라의 과녁과 비슷하게 생겼는데, 한복판에는 짐승 한 마리가 그려져 있다. 활쏘기를 마치자 황제는 바로 돌아갔다. 내시도 함께 물러가고 또한 사신들도 물러나는데, 채 문 하나도 못 나왔는데 군기가 오더니,

"사신은 바로 찰십륜포*로 가셔서 반선 액이덕니*를 만나시오."

---

* 찰십륜포  반선 · 라마 활불이 살고 있는 곳.
* 액이덕니  원래는 지명인데 뒤에 반선의 별칭으로 썼음.

하고 황제의 말을 전한다.

옛날의 역사를 다시 생각해 보면, 티베트는 멀리 사천, 운남 밖에 있어서 중국과는 아주 멀리 떨어져 있었다. 강희 59년에 책망아라포원*이 납장한*을 유인해 죽인 뒤에 그 성지를 점령하고는, 묘당을 헐어 버리고 번승을 모두 해산시켜 버렸다.

그리고 나서 도통 연신을 평역 장군으로 앉히고, 갈이필을 정서 장군으로 삼고는, 장병을 이끌고 새로 세운 달뢰라마로 보내어 티베트 일대를 되찾은 뒤에, 라마교를 부흥시켰다고 한다.

이른바 라마교라고 하는 것이 무슨 도인가를 자세히 알 수는 없겠지만, 대략 몽고의 여러 부들이 숭상하는 교이므로, 티베트가 만약 침략을 받을 염려가 있으면, 강희 황제 때부터 스스로 6군을 이끌고 영하*까지 이르러 장수를 보내어 도와 주어서 난리를 무마시킨 적이 여러 번이나 되었고, 건륭 을미(1775)에 토사 삭락목이 금천에서 반란을 일으켰을 때에도 황제가 티베트 길이 끊어질까 염려하여 아계를 정서 장군으로 내세우고, 풍승액, 명량을 부장으로, 해란찰, 서상을 참찬으로, 또한 복강안, 규림 등을 영대로 하여 군사를 거느리고 가서 다시 평정하였으니, 이것 또한 티베트를 위한 것이었다.

대체로 티베트의 땅은 황제께서 친히 관리하는 곳으로, 그 사람들은 천자를 스승으로 받들었다. 또한 라마로 그 교의 이름을 지은 까닭은 황제·노자의 도를 흠모함에서 비롯된 것이 아닌가 하는 생각이 들었다.

티베트 사람들이 입은 옷과 갓은 모두가 누런 색이어서 몽고인들도 역시 이를 본따 누런 색을 좋아한다. 그렇다면 황제의 질투심과 그 억

---

* **책망아라포원** 준갈이 부족의 장수.
* **납장한** 몽고 부족의 추장.
* **영하** 감숙성에 있는 지명.

센 심성이 어찌하여 유별나게도 이 황화요를 꺼려하지 않았는지 모를 일이다. 액이덕니는 티베트 승의 이름이 아니고, 티베트 땅에도 이런 이름이 있었으니, 희귀하고도 황당무계하여 그 원인을 찾아 내기 힘든 일이다.

사실은 반신을 보기는 했지만 실상 내키지 않은 마음으로 나아갔기에 마음 속으로는 불만을 가졌으며, 담당 역관은 오히려 일이 터질까 하여 바삐 미봉하는 것을 천만 다행으로 알았고, 하인들은 하나같이 마음 속으로 번승과 황제의 잘못을 욕하고 비난하고 있었다. 그것은 그들이 만국같이 높은 자리에 있으므로, 하나의 작은 태도라 할지라도 삼가지 않을 수 없다는 것을 의미하는 것이다.

태학에 돌아오니, 중국의 사대부들은 모두 내가 반선을 만나 본 것을 명예스러운 일로 생각하고, 또한 그 도술의 신기함을 지극히 칭찬하지 않는 사람이 없었다. 모두가 근거도 없고 이치에 닿지도 않는데도 억지로 짜맞추는 그들의 기풍이 대체로 이러하니, 예로부터 세도의 성쇠나 인심의 선악이 모두 손윗사람으로부터 본받지 않을 것이 없다. 학지정의 집에 가서 잠시 술을 마셨는데 이 날 밤은 유난히 달이 밝았다.

**12일. 맑음.**

새벽녘에 사신은 조반으로 들어가서 광대의 소리를 들었다. 나는 너무 졸려서 금세 누워 자 버렸다. 아침 식사가 끝난 후에 조심스럽게 궐내로 걸어 들어가니 사신은 벌써 참반한 지 오래 되었고, 당직과 역관과 모든 비장들은 뒤에 떨어져서 궁문 밖에 있는 낮은 언덕 위에 모여 있었고, 봉관늘도 늘어가지 못하고 이 곳에 앉아 있었다.

음악 소리가 담장 안쪽 가까이에서 새어나오기에 작은 문틈 사이로 살짝 엿보았지만 아무것도 보이지 않았다. 담장을 돌아서 열 걸음 정도 걸어가니까 작은 일각문이 보이는데 한쪽 문은 열려 있고 한쪽 문은 닫혀 있다. 내가 잠깐 들어가 보려고 하니까 졸개 몇 명이 달려들어 말리며 문 밖에서 보기만 하라고 한다. 문 안에 있는 사람들은 하나같이 문을 등진 채 늘어서 있는데 허수아비가 서 있는 것처럼 조금도 그 자리를 벗어나지 않았으며, 넘겨다보려고 해도 틈이 없어 단지 그들 머리 사이의 빈 곳으로만 바라보니 고요한 한 더미의 푸른 무덤에 솔과 잣나무만 빽빽한데, 그러다가 갑자기 어디론가 없어져 버린다.

한편 채삼에 수포를 입은 사람이 얼굴에는 붉은 연지를 발랐는데 허리 위께가 사람들의 머리 위로 우뚝 솟은 것이 마치 초헌을 탄 것처럼 보였다. 그 무대까지의 거리는 그리 멀지 않았지만 그늘이 지고 깊어 보여서 마치 꿈 속에서 성찬을 만난 것처럼 먹어 보아도 맛을 알 수 없을 것 같았다.

문지기가 담배를 요구하기에 즉시 꺼내 주었다. 또 한 사람은 내가 오랫동안 발뒤꿈치를 들고 서 있는 것을 보고는 의자 하나를 가져다 주면서 그 위에 올라서서 구경하게 해 주기에 나는 한 손으로는 그의 어깨를 짚고 또 한 손으로는 문지방을 짚고 서서 구경했다. 출연하는 사람들은 모두가 한인의 옷과 갓으로 분장하였으며 사오백 명이 한꺼번에 달려들었다가 일제히 물러서면서 입을 모아 노래를 부른다.

내가 딛고 올라섰던 의자는 마치 횃대에 오랫동안 올랐던 오리처럼 되어 오랜 시간 지탱하기가 힘들기에 돌아나와 작은 언덕의 나무 그늘 아래 앉았다.

이 날은 매우 더웠으나 구경하는 사람들은 엄청나게 많았다. 그들 중에는 수정꼭지를 단 사람이 많았는데 그들이 어떤 관원인지는 알아볼 수가 없었다. 한 청년이 문을 열고 나오니 사람들은 모두 그 청년을 피한다. 청년이 잠깐 발을 멈추고 서서 종자에게 뭐라고 말을 하는데, 돌아보는 모습이 아주 험상궂게 보였다.

사람들은 두려워서 침묵하고 있었다. 두 명의 군졸이 채찍을 가지고 나와서 사람들을 밀어내자 회자 하나가 앉아 있다가 버럭 화를 내며 일어나서는 두 군졸의 뺨을 때리고 한 주먹에 쓰러뜨렸다. 그러자 청년 관원은 눈을 흘기며 어디론가 사라져 버렸다. 다른 사람들에게 물어 보니 수정꼭지를 단 사람은 호부 상서의 화신이라고 하는데, 눈매가 곱고 수려한 얼굴에 생기가 돌았지만 덕성스러운 데가 없었으며, 나이는 이제 서른 한 살이라고 한다.

그는 처음에 난의사* 호위 군사 출신으로 성품이 매우 간교하여 윗사람의 비위를 잘 맞추었다고 한다. 그래서 불과 오륙 년 사이에 급격히 높은 자리를 구하여 구문*을 통치하는 제독이 되었으며, 병부 상서 복강안과 함께 항상 황제의 좌우에만 붙어 있어, 조정에서는 그 세력이 대단했다.

이시요가 해명의 뇌물을 받아들인 협의를 잡아내어 우민중의 집을 빼앗고 아계를 내친 것 등의 일들이 모두 화신의 덕이었는데, 이런 일들은 하나같이 이번 봄과 여름 사이에 일어난 일이었다.

사람들은 마음대로 눈을 뜨고 쳐다보지도 못한다. 그리고 황제가 이제 겨우 여섯 살 되는 딸을 화신의 어린 자식에게 약혼을 시켰는데 황제가 점차 나이가 들며 성격이 조급해지기 시작하자 노염이 잦아지면서 주위 사람들을 매질하기가 일쑤였다. 황제는 이 어린 딸을 몹시 사랑하였기 때문에 황제가 크게 화를 내는 일이 있을 때는 궁인들은 곧잘 이 어린 딸을 데리고 와서 황제 앞에 내려놓곤 한다. 그러면 황제의 노염은 어느새 풀린다고 한다.

이 날 재반에 차와 음식이 세 번이나 나왔다. 사신도 또한 그들과 똑같이 떡 한 그릇을 얻어먹었다. 누런 떡과 흰 떡이 두 층으로 포개졌는데, 네모 반듯하였으며 그 빛깔은 마치 누런 납과 같았다. 단단하고 가

---

＊ 난의사  황제가 행차할 때 필요한 사무와 의장을 맡는 관서.
＊ 구문  황제의 각 성문을 지키는 장군.

늘고도 매끄러워 칼이 잘 들어가지 않았으며 그 맨 윗층은 유별나게 옥같이 맑고 윤기가 흘렀다. 편대 위에는 한 선관을 만들어 세웠는데, 수염과 눈썹이 살아 움직이는 것처럼 도포와 홀이 화려했으며, 그 양옆에는 또 선동을 세웠는데, 그 조각이 참으로 묘했다. 이것들은 거의가 밀가루에 설탕을 섞어서 만든 것이었다.

땅에 묻는 허수아비를 만드는 것도 좋지 못하거늘 하물며 이 인조 인간을 어찌 먹을 수가 있단 말인가. 여남은 가지의 사탕을 보태어 담은 것이 한 그릇, 양고기가 한 그릇이다. 또 조신에게는 여러 가지 색깔의 비단과 수를 놓은 주머니와 쌈지 등을 주었는데, 사신에게는 채단 다섯 필, 주머니가 여섯 쌍, 담뱃대가 하나이며, 부사와 서장관에게는 그보다 조금 적게 주었다.

이 날 저녁엔 구름이 많이 끼어 달빛이 흐려 보였다.


**13일.** 새벽녘에 비가 조금 뿌리다가 맑음.

사신이 만수절 하반에 참석하려고 오경에 대궐 안으로 들어갔다. 나는 푹 자고 아침에 일어나 조심스럽게 걸어서 대궐 아래 이르렀다. 누런 보가 덮인 짐 일곱 개가 놓여 있는 궐문 앞에서 쉬었다. 짐 안에는 옥으로 만든 그릇과 골동품이 들어 있으며 보통 사람의 키만큼이나 큰 금부처 하나를 앉혀 놓았는데, 이들은 모두 호부 상서의 화신이 진상한 것이라 한다.

이 날도 음식은 세 차례에 걸쳐 나왔는데, 또 사신에게는 백자로 만든 차호 하나, 찻종과 대까지 갖추어서 한 벌, 실로 뜬 빈랑 주머니 한 개와 칼 하나, 자양에서 만든 주석 차호 하나씩을 주었으며, 저녁에는 작은 내시가 오더니 모가 난 주석 항아리 하나씩을 주었다. 통관이,

"이것은 차입니다."

라고 설명해 주자 내시는 곧 달아나 버렸다. 누런 비단으로 항아리 마

개를 봉했기에 떼어내고 안을 보니 빛이 누르면서도 약간 붉은 기가 도는 것이 술과 같아 보였다. 서장관이,

"이것은 진정 황봉주로군."

라고 한다. 맛이 달고 향내가 풍겨서 술 기운이라고는 조금도 없다. 다 따르고 나니 여주 여남은 개가 떠오른다. 사람들은,

"이것은 여주로 빚은 거야."

하면서 서로 한 잔씩 마시고 나서 하는 말이,

"참 훌륭한 술이군요."

라고 한다. 비장과 역관들에게도 찻잔이 돌아갔는데 마시지 않은 사람도 있겠지만, 그렇다고 단숨에 들이키는 사람은 없었다. 그것은 너무 지나치게 취할까 염려해서 그러는 것 같았다. 통관들이 목을 내밀며 침을 삼켰다. 수역이 남은 것들을 얻어다가 주었더니 돌려 가면서 차례로 맛을 보고는,

"참 훌륭한 궁중의 술이오."

하고 말하며 모두 칭찬을 했다. 마침내 일행은 서로 돌아보면서,

"취했군, 취했어."

라고 한다. 이 날 밤에 기 공을 만났을 때, 한 잔 따라서 보여 주었더니 기 공은,

"이것은 술이 아니고 여주즙이라고 합니다."

하고 말하면서 깔깔 웃어 보이더니, 곧 소주 대여섯 잔을 가지고 와 거기에 부어 혼합하자 맑은 빛깔에 매우 묘한 맛의 향내가 몇 배로 풍겨 나온다. 이것은 다름 아닌 여주 향내가 술 기운과 합해져서 더욱 은근한 향내를 뿜어내는 것이었다.

얼마 전에 꿀물을 마시고 향내를 얘기한 것이나 여주즙의 맛을 보고 취함을 말했던 행동들이 바로 종소리만을 듣고 나서 해를 측정한다거나 매실을 생각함으로써 갈증을 없애는 것과 다를 것이 무엇이겠는가.

그 날 밤에는 달빛이 유난히도 밝았다. 기 공과 더불어 명륜당으로 나가서 난간 아래를 거닐었다. 나는 달을 가리키면서 묻기를,

"달의 몸체는 항상 둥글둥글하여서 햇빛을 빙 둘러 받습니다. 그렇기 때문에 지구에서 쳐다보는 달은 둥그렇게 되었다가 작아졌다가 하는 것이 아니겠습니까. 만약 오늘 밤에 비치고 있는 저 달을 온 세계 사람들이 한 가지로만 생각하며 본다면 쳐다보는 장소에 따라서 달은 저마다 살찌고 여위어 보이며 깊고 얕음이 있는 것이 아닐까요? 별이 달보다도 크고, 해가 땅덩어리보다 크지만 보기에 따라서 그와 달라 보이는 것은 멀고 가까운 이유가 아닌가 생각됩니다. 혹시 이것이 정말이라면 해나 땅이나 달은 모두가 허공에 둥둥 떠 있는 별들로 보이는 것은 아닐는지요. 마찬가지로 별에서 땅을 내려다볼 때에도 그렇게 보일 것은 뻔한 일이요, 땅 위의 하나의 줄이 해와 달을 한꺼번에 꿰어서 반짝반짝 빛나는 세 낱이 어쩌면 하고*와 같은 것이 아니겠는지요. 땅의 표면에 붙어 있는 여러 가지의 만물들은 어떤 것이건 간에 모양이 하나같이 둥글둥글할 뿐이요, 한 가지도 네모가 난 것을 구경할 수가 없는데, 다만 방죽이나 익모초 줄기만이 네모졌다하지만 이것도 또한 네모 반듯한 것이라고는 확정지을 수 없지요. 네모 반듯반듯한 물건은 어디에서도 찾을 수가 없는데 무엇 때문에 땅 위에만 네모가 난 물건이라고들 하였는지요. 만일 땅덩어리가 네모졌다고 한다면 달이 월식을 할 경우에 달을 거무스름하게 먹어 들어가는 가장자리가 왜 활의 등처럼 둥글게 보이겠습니까? 땅덩어리가 네모졌다고 우겨 대는 사람들은 어떠한 것이나 네모 반듯해야만 한다는 대의에 의하여 물체를 이해하려고 할 것이며, 땅덩어리가 둥글다고 내세우는 사람들은 사실대로 보이는 상태를 믿고 다른 의미는 아

* 하고  견우성.

예 염두에 두려고도 하지 않는 것입니다. 이러한 뜻으로 보아서 땅덩어리라는 것은 실체는 둥글고, 대체적으로 표현한다면 모가 났다는 것이 아닐까요? 해나 달이란 오른쪽으로만 수레바퀴처럼 돌고 돌아서 돌아가는 궤도가, 해는 달보다 크고 달은 해보다 작으니, 돌아가는 속도가 늦어지고 빨라지는 일이 없이 한 해와 한 달은 일정한 기간이 맞아들어가, 해와 달은 땅을 둘러싸고서 왼쪽으로 돌아간다는 말은 우물 안에서만 보는 상식이 아닐까요? 땅덩어리의 원체는 둥글둥글하게 허공에 걸려서 방향도 없으며 위아래도 없이, 어쩌면 쐐기가 돌아가듯 돌아가다가 햇빛이 처음 닿는 곳을 가리켜 날이 밝아진다고 말하는 것이 아닐까요? 지구가 더 많이 돌아 처음에 해와 마주 대하는 곳은 차츰 비켜 나가며 멀어져서, 정오도 되고 해가 기울어지기도 하여 밤과 낮이 구분되는 것이 아닐까요? 비유하건대 창에 구멍이 나 있는 곳으로 햇빛이 뚫고 들어와 콩알만하게 비친다고 해 봅시다. 창의 아래쪽에는 햇살이 들어오는 자리에 맷돌을 가져다 놓고, 바로 햇살이 비치는 그 자리를 먹으로 표시해 둔 다음, 맷돌을 한 바퀴 돌리고 난 뒤 보면 먹으로 표시해 둔 자리는 변함없이 햇살이 비치는 자리에 그대로 남아 있을 것이며, 맷돌이 다시 한 바퀴 돌아서 그 자리에 또 돌아오면 햇살이 비치는 자리와 먹으로 표시해 둔 곳은 잠깐 서로 합쳐지다가는 다시금 비켜 나가게 될 것이니 지구가 한 바퀴를 돌아서 하루가 된다는 것도 이러한 원리가 아닐까요? 또한 등불 앞에 놓여 있는 물레를 자세히 살펴보면, 물레바퀴가 돌아갈 때에는 그 바퀴의 대부분이 등불의 빛을 받고는 있겠으나 그렇다고 해서 등불이 물레바퀴를 주위를 돌아가는 것은 절대로 아닙니다. 마찬가지로 지구에 있어서의 밝고 어두운 원리도 이러한 이치가 아닐까요? 그렇다면 해와 달은 처음부터 떴다가 지는 것이 아니요, 또 오고가는 것도 아닌데, 사람들이 저마다 그렇게 생각하는 것은 땅이 움직여서 돌지 않고 항상 그 자리에 고정되어 있는 것이라고 확신하고 있기 때문에 생겨난 착각이 아닐는지요? 명확한 그 원리를 찾아 내지 못한다면 이 땅 위에 있는 봄, 여름, 가을, 겨울을 지적하여 그 방향을 따라서 움직이는 것이라고 규정지어 버렸으니, 결국은 움직인다는 것은 나갔다가 물러섰다가 하는 것을 의미함이요, 올라감을 뜻하는 것으로서, 움직인다고 할 바에는 차라리 돌아간다고 하는 것이 더 낫지 않겠습니까? 착각을 하는 사람은 이렇게들 얘기할 것입니다. 만약 땅덩어리가 돌아간다면 그렇게 돌아갈 때에는 땅 위에 머무르고 있는 모든 물건들은 뒤섞여지고 합쳐지고 부서져서 떨어져 나갈 것이라고 할 수 있을 것입니다. 만약에 떨어져 나가 버린다고 한다면 어떻게 땅 위에 붙어서 정착하고 있는 것일까요? 만약 그렇게 생각한다면 저 높은 하늘에 떠 있는 별들과 은하는 원리를 좇아 돌고 있으면서 왜 하나 같이 떨어져 나가지 않고 그 자리에 머물러 있을까요? 왜 움직이지도 못하고 돌아가지도 못하고, 살아 움직이지도 않는 덩어리져 있는 물체가 무엇 때문에 부패하거나 부서지지도 않고 흩어지지도 않은 채, 그대로 자기 위치를 지키고 있는 것일까요? 땅덩어리의 표면에 물체들이 자연스럽게 모여서 살 때에는, 공과 같이 물건의 표면 위에 발을 밟고 서서 어디에서나 머리 위에 하늘을 받치고 있다는 것을 상상해 본다면, 수십 마리의 개미나 벌들이 때때로 반듯한 바람벽을 기어다니기도 하고 또는 천장에 딱 들러붙어 사는 것을, 어느 누가 바람벽을 향해 옆으로 붙어 섰다고 할 것이며, 어느 누가 천장에 거꾸로 매달렸다고 할 것입니까? 지금도 이 땅덩어리의 아래에는 마찬가지로 바다가 있게 마련인데, 만약 땅의 표면에서 살아가는 물체들이 떨어지지 않을 것인가를 염려한다면, 땅 저 아래에 있는 바다는 어떤 자가 제방을 만들어 두었기에 물이 쏟아지지 않고 자연스럽게 제 위치를 지키고 있는 것일까요? 높은 하늘에 반짝이고 있는 별들은 저마다 얼마나 클 것이며, 또한 지구나 별의 표면도 다 마찬가지가 아닐까요? 마찬가지로 별도 표면이 있을 것이므로 생물이 살고 있을지도 모릅니다. 만약 생물이 살고 있다면 다른 곳에 세상을 만들어 놓고 번식해 나가면서 살고 있는 것은 아닌지. 지구는 둥글게 만들어져 본래 음과 양이 없을 것인데, 태양으로부터 불의 기운이 전달되고 달로부터 습기를 흡수하게 되어 마치 살림하는 사람이 동쪽 근방에서 불을 구하러 오고 서쪽 근방에서는 물을 구하러 오는 셈이니, 한편은 불이요, 다른 한편은 물이어서 이것을 이른바 음과 양이라 하는 것이 아닐까요? 이것을 엉뚱하게 오행이라고 부르면서 제각기 상생한다고 하며 서로가 상극한다고 하지만, 넓은 바다 위에 파도가 일어날 때에 불꽃 같은 것이 훌훌 타오르는 것처럼 보이는 것은 무슨 이유에서인가요. 얼음 속에 누에가 살고 있으며, 불 속에 쥐가 살고, 물 속에서는 고기가 살아가고 있기 때문에 여러 가지 생물들은 어디든지 붙어 사는 곳을 가리켜 제각기 땅이라고 합니다. 만약에 달 속에도 세계가 있다고 한다면 오늘 같은 밤에 어떤 달나라 사람들이 난간 끝에 마주서서 달빛이 아닌 땅빛이 차고 기울어지는 이야기를 나누고 있지 않다고 어느 누가 증명할 수 있겠습니까?"

기 공은 껄껄 웃으며,

"참 묘한 이야기입니다. 땅덩어리가 둥글다는 말은 서양 사람들이 제일 처음 말했다지만 땅덩어리가 돌아간다는 말은 하지 않았는데, 당신의 이 학설은 당신이 생각해 낸 것인가요, 그렇지 않으면 어떤 스승으로부터 가르침을 받은 것인가요?"

라고 묻기에,

"인간의 일도 제대로 모르는데 하늘에 관한 일을 어떻게 알겠소. 나는 원래 도수나 학문에 밝지 못하오. 어쩌다 장자의 사려 깊은 생각을 가지고도 심오한 우주에 대한 학문은 덮어 둔 채 연구를 하지 않으셨군요. 앞에서 말한 것은 내가 연구해 낸 것이 아니고 얻어들은 것이라오. 우리 친구 중에 홍대용이라는 사람이 있는데 그 친구의 학문은 무척 넓어서 전부터 나와 더불어 달 구경을 하면서 가끔 농담삼아 이러한 이야기를 하기도 했지요. 대강 간추려서 말씀드리기는 힘이 드나 비록 성지를 가진 사람이라 할지라도 이 학설을 무너뜨리기란 어려울 것이라 생각하오이다."

라고 하매, 기 공은 다시 크게 소리내어 웃으며,

"남의 꿈 속을 함께 갈 수는 없는 것이겠지요. 당신의 친구가 되시는 홍대용 선생께서는 이에 대한 저서가 몇 권이나 되는지요."

라고 묻는다. 나는 이에,

"저서는 아직 가지고 있지 않소이다만 선배 되시는 김석문이란 분이 계셔서 오래 전부터 삼환부공설*을 주장했는데, 그 친구는 유별나게 농담처럼 이 학설을 덧붙였소. 그렇지만 그 친구도 실제 보아서 얻은 것이 이런 것이라는 것은 아니요, 또한 오래 전부터 한 번도 남들에게 이것을 꼭 믿어 주십사 해 본 적도 없었소이다. 나도 또한 이 밤에 달 구경을 하고 있다가 갑자기 그 친구가 생각이 나 말을 한번 꺼내 놓고 보니 그 친구를 대한 것 같기도 하오."

라고 했다. 대체로 여천은 한나라 사람과는 틀리므로 홍대용*이 오래 전부터 항주의 유명 인사들과 함께 지낸 옛날 일들을 거리낌없이 이야기할 수는 결코 없었다. 기 공은 다시 나를 향해 물었다.

"김석문 선생께서 지으신 시 가운데 가장 아름다운 것 몇 구절만 골라서 들려주실 수는 없을까요?"

"그 사람에게 아름다운 시구가 있다는 말은 들어본 적이 없소이다."

---

* 삼환부공설  해와 달과 불의 세 개의 둥근 물체가 허공에 떠 있다는 학설.
* 홍대용  조선조 제21대 영조 때의 실학자. 북경에서 항주의 선비 육비, 엄성, 반정균 등을 만나 막역한 벗이 되었음.(1731~1783)

기 공은 나를 데리고 자기의 방으로 들어갔다. 벌써 촛불 네 자루를 켜 놓고 커다란 교자상에 음식을 아주 잘 차려 준비해 두었다. 각별히 나를 위하여 준비한 것이다.

향고 세 그릇, 여러 가지 색깔의 사탕을 담은 그릇이 셋, 용안육과 여주와 땅콩, 매실 서너 그릇, 닭·거위·오리들은 주둥이와 발목이 달린 채 그대로, 또한 껍질을 벗겨 버린 통돼지에 용안육·여주·대추·밤·마늘·후추·호도·살구씨·수박씨 등을 골고루 섞어 찐 다음 떡처럼 만들었는데, 그 맛이 기가 막히게 달고 매끄러웠으나 너무나 짜서 많이 먹기는 힘들었다. 떡이나 과일들은 모두가 수북이 쌓여 있었다. 마침내 음식을 다 내가고 다시 과일만 따로 두 접시씩 차려 놓고 소주 한 주전자를 가득히 따라 마시면서 조용히 이야기를 시작했다. 닭이 두 번째 홰를 치고 울자 자리를 물리고 잠자리에 돌아와 누웠다.

### 14일. 맑음.

삼사는 밝기 전에 대궐로 들어가 버리고 혼자서 늘어지게 자고는 아침 나절에 일어나서 윤형산을 찾아갔다가 거기서 다시 왕혹정을 찾아가 함께 시습재로 들어가 악기들을 구경했다.

거문고나 비파는 하나같이 길고 넓으며, 빨간 비단에 솜을 넣어 주머니를 만들었고 겉은 붉은 털로 만든 천으로 싸여 있었다. 종과 경은 시렁에 매달아 두었는데, 이것도 두툼한 비단으로 덮여 있었고, 비록 축어* 같은 것이라 할지라도 유별난 비단으로 집을 만들어 넣어 두었다. 대부분의 거문고와 비파 등속은 그 본이 너무 크고 칠은 지나칠 정도로 두꺼웠으며, 젓대와 통소 따위는 상자 안에 넣고서 단단하게 포장해 두어서 구경할 수가 없었다. 혹정은,

---

* **축어** 풍류를 마칠 때 치는 나무로 만든 악기.

"악기를 보관하는 것은 몹시 까다로워 습기 있는 곳은 피하고, 그렇다고 너무 건조한 곳도 부적당하며, 거문고 위에 쌓인 먼지는 사자학이라 부르고, 거문고 줄 위에 묻은 손때는 앵무장이라고 부르며, 생황의 부는 구멍 안에 말라붙은 침을 가리켜 봉황과라 부르고, 종이나 경에 묻은 파리똥과 같은 것은 나화상이라고 한답니다."

라고 한다. 어떤 청년 한 명이 들어오더니 눈알을 부라리면서 나를 쳐다보며 내가 들고 있는 작은 거문고를 빼앗더니 빨리 집어 넣어 버린다. 혹정은 몹시 무서워 하는 표정을 지으며 나에게 나가자고 눈짓을 했다. 그 청년은 갑자기 웃음을 띠더니 나를 보고 청심환을 달라고 한다. 나는 없다고 말하며 바로 나와 버렸다. 그 청년은 무척 무안한 표정을 지었다.

사실 내 허리에 두른 전대 속에는 환약이 여남은 알 들어 있었으나 청년의 행위가 괘씸해서 주지 않았던 것이다. 그 청년은 혹정에게 한 번 절하고는 나가 버린다. 나는 혹정에게 물었다.

"그 청년은 누구요?"

"그 자는 윤 대인과 함께 북경에서 온 사람이랍니다."

"그 청년은 어떤 악기와 관련이 있나요?"

"그는 어떤 악기와도 관련이 없고, 다만 조선 환약을 얻어 내기 위해서 체면도 없이 선비를 속이려고 한 수작이니 선비께서는 마음을 쓰지 않아도 좋습니다."

나는 아무 생각 없이 문 밖으로 나갔다. 수백 필이나 되는 말 떼가 문 앞을 지나가고 있다. 한 목동이 큰 말 위에 올라앉아서, 수숫대 하나를 손에 쥐고 따라가고 있다. 또 그 뒤를 따라서 소 삼사십 마리가 따라가고 있는데, 코도 꿰지 않았고 뿔도 잡아매지 않아서 뿔은 모두 한 자 남짓씩이나 길며 빛깔은 푸른 색을 띤 것이 많았다.

또 당나귀 몇십 마리가 뒤따라가는데, 목동이 절굿공이 크기의 막대를 손에 쥐고 맨앞의 푸른 놈을 향해 힘껏 한 대 내리치니 소는 씩씩대며 앞으로 달려간다. 그러자 모든 소들도 일제히 그 뒤를 따르는데 마치 대오가 행진하는 것처럼 보였다.

이것은 대개 아침 나절에 방목하기 위해 끌고 나가는 풍경이었다. 한가로울 때에 다니면서 자세히 보니, 집집마다 대문을 열어 놓고, 말, 나귀, 소, 양들을 몇십 마리씩 몰아 내놓았다. 집으로 돌아와 우리 사관 밖에 매어 놓은 말의 꼴을 보니 정말 한심스러운 생각이 들었다. 전에 정석치와 더불어 우리 나라의 말 값에 대해 이야기하면서 내가,

"불과 몇십 년 안 되어서 베갯머리에 놓는 조그마한 담뱃대 통을 말구유 삼아 말을 먹이게 될 것이오."

하자 석치는,

"그것이 무슨 말이오?"

하고 되묻기에 나는 웃으며,

"서리 병아리*를 여러 차례 번갈아 가면서 씨를 받아 사오 년이 지나면, 베개 속에서 울음을 울어 대는 새끼 닭이 되는데, 이 새끼 닭을 침계라고 하네. 말도 마찬가지로 종자가 작아지기 시작하면 맨 끝에 가서는 침마가 되지 않는다고 어느 누가 장담하겠는가."

라고 했다. 석치는 소리내어 웃으며,

"우리들도 차차 더 늙어 가면 새벽잠이 조금씩 없어져 베개 속에서 닭이 우는 소리를 듣게 될 것이 뻔한 일이요, 또 베갯말을 탄 채 변소 길을 간다 하더라도 무방하겠지. 그렇지만 요즈음 풍습에 말 교미하는 것을 큰 금기로 알고, 기르는 말이 몇만 필이나 되는데, 그 말들에게 교미를 붙이지 않으면 그 말들은 어떤 방법으로 번식할 것인가? 그래서 국내에서는 해마다 말을 몇만 필이나 잃게 되는데, 이렇게 하

---

* 서리 병아리  이른 가을에 깬 병아리.

면 몇십 년도 못 가서 베갯말이고 무엇이고 간에 다 멸종이 될 것이오."

하고는 둘이 서로 웃으며 얘기를 한 적이 있었다.

사실 내가 연암에 살 곳을 정한 것은 오래 전부터 목축하는 데 뜻을 두었기 때문이었다. 연암에 정착을 하고 나니 첩첩 산중에 양쪽은 평탄한 골짜기인 데다가, 수초가 참으로 좋아서 마소나 노새 및 나귀 등 몇백 마리를 기르기에 충분하였다. 나는 오래 전부터 이것에 대하여 논한 적이 있었다.


## 연경으로 돌아오는 길에

가을 8월 15일. 날이 개었으며 서늘함.

사신들이 의논하여 말하기를,

"이제 우리 형편으로는 당연히 연경으로 돌아가는 것이 마땅하겠으나 예부에서 우리 사신을 거치지 않고 살그머니 정문*의 내용을 고쳤다고 하니, 이 일은 해괴하기 그지없으며 그대로 변명하지 않고 두었다가는 장차 폐단이 클 것이니, 당연히 거듭 예부에 공문을 제출하여 그들이 남몰래 고친 이유를 명백히 한 뒤에 출발하는 것이 낫겠다."

라고 하며 바로 역관으로 하여금 글을 제출하게 하였다. 제독이 매우 무서워하고 있다 하니 이는 벌써 덕 상서에게 먼저 통했기 때문이다. 상서 등도 또한 두려워하며 우리에게 다음과 같이 위협을 하였다.

"이 일에 관한 잘못을 앞으로 우리 예부에 넘길 것이오? 이로 인해

---

* 정문 공문서.

예부에서 죄를 받게 된다면 당신네 사신들에게 좋을 게 뭐 있겠소. 그리고 당신들이 올린 정문의 내용이 모호하여 도무지 성의를 표하지 않았기에 내가 진심으로 당신들을 위해 백방으로 꾸며 올림으로써 그 영광과 감격의 뜻을 펴 주었는데, 당신들은 오히려 이렇게 한단 말이오. 이는 참으로 제독의 잘못이 더 큰 것이외다."

하고는 공문을 보지도 않고 물리쳐 버렸다. 일이 이렇게 되자 사신이 제독을 맞아 예부에 관한 모든 사정을 물었더니, 그 이야기가 너무 길고 장황하여 알아듣기조차 어려워서 한동안 멍하니 듣고만 있었는데, 예부에서 사람을 다시 보내어 바로 출발할 것을 재촉하면서,

"사신 일행이 출발하는 시간을 곧 상부에 보고하겠다."

고 하니, 이는 다시 글을 제출하지 못하게 하려는 수작이었다.

아침 식사 후에 바로 출발하니 해는 벌써 점심때가 지났다. 돌이켜 생각해 보니 저 뽕나무 밑에서 사흘 밤을 자고 간 것도 오히려 추억에 남았는데, 내가 엿새 밤이나 묵은 것에 있어서는 어찌하랴. 게다가 묵은 곳이 신선하고 화려하여 잊을 수가 없다.

내 일찍이 과거를 하지 않아 하찮은 진사 자리 하나도 얻지 못하여 국학에 몸을 수양코자 하여도 얻기가 불가능할 것이거늘, 이제 갑자기 나라를 떠나 머나먼 변새 밖에 와서 엿새씩이나 놀면서도 나에게 당연것처럼 생각되니 이것이 어떻게 우연한 일이겠는가. 그뿐 아니라 우리나라의 선비 중에 멀리 이 곳 중국의 한복판에서 지내 본 사람 가운데 신라의 최치원이나 고려의 이제현과 같은 사람은 서촉과 강남의 땅을 모두 밟아 보았다 하나, 북쪽 변방에는 들른 일이 없었다.

지금부터 천백 년 뒤에라도 다시 몇 사람이나 이 곳을 찾을 것인지 모르겠으나, 나의 이번 여행길에는 기정과 영빈의 수레와 말 발자국이 눈에 선하게 보이는 듯하여 슬픈 일이로다. 사람이 이 세상에 태어나서 결정된 일이 아무것도 없는데 이런 일이 있을줄이야 어찌 알았겠는가?

광인점, 삼분구를 지나 쌍탑산에 이르러 말을 멈추고는 한번 바라보니 실로 절경이라 아니할 수 없다. 바위의 결과 빛깔이 흡사 우리 나라 동선관*의 사인암과 흡사하며, 탑이 높이 솟은 모습은 마치 금강산의 증명탑과도 같이 둘이 뾰족하게 마주 섰는데, 상하의 넓이가 똑같아 남에게 의지할 생각도 없는 것처럼 짝이 기울어지지 않았으니, 장엄하고 웅려하여 햇빛과 구름의 기풍이 마치 비단처럼 찬란하다. 난하를 건너 하둔에서 묵었다. 이 날은 모두 사십 리를 걸은 셈이다.

**16일. 맑음.**

아침에 일찍 출발하여 왕가영에서 점심을 하고 황포령을 지날 무렵 스무 살 정도 되어 보이는 한 귀족 청년을 만났다. 푸른 날개와 붉은 보석으로 꾸민 모자를 쓰고 검은 말을 타고 달려가는데, 앞에는 한 사람이 앞서가고 뒤에는 수행원으로 기병 삼십여 명이 따르고 있었다. 금으로 만든 안장과 준마에 의관의 차림새가 선명하고 화려하며 화살과 조총을 멘 자도 있고, 혹은 다창을 들고 또는 화로를 든 채로 번개같이 달리면서도, 벽제* 소리도 없이, 오직 들리는 것은 말발굽 소리뿐이다. 구종들에게 묻자 그는,

"황제의 친조카이신 예왕이지요."

라고 대답했다.

그 뒤를 이어 태평차가 따르는데, 세 마리의 힘센 노새가 멍에를 지고 사면에는 유리를 붙였으며 그 겉은 초록빛 천으로 가리고 위에는 네 모서리에 술을 달아 파란 실그물로 얽었다. 대개 귀족들이 타는 가마나 수레는 이렇게 만들어서 그 계급을 표시하고 있다.

그 수레 안은 보일 듯 말 듯 한데 안으로부터 여인의 소리만 들리더

---

* 동선관  황해도 동선령에 있음.
* 벽제  지위 높은 사람이 지나갈 때 잡인의 통행을 금하는 것.

니, 잠시 후에 노새가 멈추어 오줌을 싸자 수레 안에서 여인이 북쪽 창문을 열고 얼굴을 내민다. 보아하니 아름답게 올린 머리는 마치 구름이 얽힌 것 같고, 귀에 매단 구슬들은 별이 흔들리는 것 같아서, 노란 꽃과 파란 줄 구슬이 서로 얽혀 화려하고 아름다움이 마치 낙수에 놀란 기러기를 방불케 하는데, 이윽고 창을 닫고 가 버린다.

그 여자들은 모두 세 명인데, 이들은 대왕을 모시는 궁녀들이라고 한다.

마권자에서 묵었는데 이 날은 팔십 리를 걸은 셈이다.


**17일. 맑고 따뜻함.**

아침 일찍 출발하여 청석령을 지나는데 마침 황제가 계주 동릉*에 행차하게 되었다면서 길과 다리를 벌써부터 닦고 있었다. 한가운데로는 치도를 쌓았으며 미리 각 고을에서 역군을 징발하여서 높은 곳은 깎고 깊은 데는 메우며 흙손으로 바르고 매솔로 다진 듯한 것이 마치 베를 펴놓은 것 같다. 푯말을 세웠는데 조금도 굽거나 기운 것이 없으며, 치도의 너비는 두 길이나 되고 좌우의 좁은 길은 각기 한 길쯤이나 되었다. 〈시경〉에도 이르기를 "주나라로 가는 길은 숫돌과 같이 바르다."고 했다.

이제 이 길이 마치 숫돌과 같이 바르게 되어 그 비용이 엄청날 것이지만, 흙을 메고 물을 지는 사람들이 가는 곳마다 떼를 지었다. 이 길은 허물어지면 바로 흙으로 고치는데 한번만 말굽이 지나가도 벌써 흙손질을 해놓고 나무를 새끼로 묶어 어긋나게 하여 치도 위로 다니는 것을 금하였는데도 우리 나라 사람들은 꼭 그 나무를 쓰러뜨리고 놋줄을 끊어 버리고 지나간다.

---

\* 계주 **동릉**  청나라 능묘의 총칭. 세조의 효릉, 성조의 경릉, 고종의 유릉, 문종의 정릉, 목종의 혜릉이 모두 여기에 있음.

나는 바로 마부에게 명하여 치도 밑으로 가게 했다. 이것은 감히 할 수 없어 그런 것이 아니라, 차마 못할 짓이기 때문이었다.

길 한편에는 꼭 두어 걸음마다 돌담을 쌓았는데, 그 높이가 어깨에 닿을 만하고 너비는 약 여섯 자쯤 되어 보였다. 마치 성에 치첩*이 있는 것 같고, 모든 다리는 난간이 있으며 돌 난간에는 천록*이나 사자의 모양을 만들어 앉혔는데 모두 입을 벌리고 있어 생동하는 것 같았으며, 나무로 된 난간은 그 단정함이 눈이 부실 정도였다.

물이 넓은 곳에는 나무쪽을 짜서 광주리 모양으로 둥글게 만들었는데, 그 둘레는 한 칸이나 되며 길이는 한 길쯤 되게 만들어 자갈을 채우고 물 속에 굳게 박아서 다리의 기둥을 삼았으며, 썰물이나 밀물에는 수십 척 큰 배를 띄워 배다리를 만들었다.

세 칸 방에 앉아 아침 식사를 하려고 우리 일행이 가게에 들렀는데 어제 길에서 만났던 예왕이 관왕묘에 들렀으므로 우리가 자리잡은 가게와 이웃에 자리를 잡고 들게 되었다.

그들은 모두 다른 가게에 흩어져 떡, 고기, 술, 차 등을 사서 먹기도 했다. 내가 우연히 관왕묘를 구경하려고 조용히 들어가 보니 문에는 지키는 사람도 없고 뜰 안에는 사람이 하나도 없어 아주 조용했다. 나는 예왕이 그 곳에 머무르고 있는 줄은 처음부터 몰랐다. 뜰 중앙에는 석류가 주렁주렁 매달려 있고, 작은 소나무는 마치 용이 서린 것처럼 꿈틀거린다.

내가 그 곳을 두루 구경하고 섬돌 위에 발을 딛고 마루턱으로 오르려는데, 그 순간 아름다운 청년 한 사람이 모자도 쓰지 않은 맨머리인 채로 문 밖으로 나오면서 웃음 띤 얼굴로 나를 맞이하며,

"신쿠."

---

* 치첩  성 위에 낮게 쌓은 담.
* 천록  고대 중국의 상상의 동물. 사악을 물리친다고 하여 장식용 그림으로 많이 쓰임.

라고 하는데, 이 말의 뜻은 나를 위안하는 것이다. 나는,

　"하오아."

하고 대답했다. 우리 나라 말로는 안부를 묻는 인사의 뜻을 지니고 있다.

　그 섬돌 위에는 아름다운 난간이 있고, 난간 아래에는 교의가 둘이 있었다. 그 중앙에는 붉은 탁자가 놓여 있는데, 내게 '쥐이쥐' 라고 하였으니 이 말은 주인이 손님에게 앉기를 권하는 말이다. 또는 '칭쥐 칭쥐' 라 하기도 하고, 또는 '쥐저 쥐저' 라고 거듭 말하기도 하며 '칭칭칭' 을 계속해서 부르기도 하는데 이것은 정중하고 간곡한 뜻을 표현하는 말이다. 이 곳에서 길을 따라오면서 어떤 집을 들어설 때마다 주인들이 모두 그렇게 말하는 것은 일반적으로 손님에게 대하는 예의에서 이다.

　그리고 청년이 모자를 벗고 사복을 입고 있기에 처음에는 그 청년이 주승인 줄 알고 있었는데 살펴보니 그 청년이 바로 예왕인 것 같았다. 그렇지만 나는 아는 체하지 않고 심드렁하게 보아 넘겼다. 그 청년도 역시 교만하거나 거만해 보이지는 않았지만, 붉은 빛이 얼굴에 퍼져 있는 것으로 보아 아침 술을 많이 마셨다는 것을 짐작할 수가 있었다.

　그는 이내 술 두 잔을 손수 따라서 내게 권했다. 나는 계속해서 술 두 잔을 마셨다. 그가 내게,

　"만주 말을 할 줄 아십니까?"

라고 묻기에 나는,

　"잘 모릅니다."

하고 대답했다. 그런데 그가 갑자기 난간 밑에 욱하고 토해내자 술이 폭포수처럼 솟아올랐다. 청년은 문안을 돌아다보면서,

　"량아."

한다. 그러나 웬 늙은 내시 하나가 방안에서 돈피 갖옷 한 벌을 들고 나오더니, 나를 향해 나가라는 손짓을 하였다. 내가 금방 일어나 나오면서 난간 끝을 돌아보니 청년은 도리어 난간에서 비껴 앉아 있었다. 그

청년의 행동은 몹시 불안하고 얼굴 빛이 백지장처럼 창백하여 위엄이라고는 조금도 없어 보이는 것이 영낙없이 시정배의 아들처럼 보였다.

아침 식사를 끝내자 바로 출발하여 몇십 리를 갔다. 뒤에는 백여 명이나 되는, 말을 탄 사냥꾼들이 멀리 산 밑을 바라보면서 달리고 있다. 독수리를 팔둑에 얹은 십여 명의 사냥꾼들이 저마다 산골로 흩어져 갔다.

그 중 한 사람은 큰 독수리를 들고 있었는데, 독수리의 다리가 사냥개의 뒷다리처럼 살쪄 있고 누런 비늘이 정강이에서부터 반들거렸다. 독수리들은 검은 가죽으로 머리를 질끈 동여매고 눈을 가렸는데, 나머지들도 모두 눈을 가리고 있었다. 이것은 그것들이 혹시나 다른 물건들이 눈에 띄여 흥분되어 마구 퍼덕거리다가 다리 같은 데에 상처를 내거나 위협을 느낄까 봐 그런 것이다. 또 그렇게 해야만 눈에 광채를 기르는 동시에 사나운 성질을 그대로 지닐 수 있기 때문이다.

나는 천천히 말에서 내려 모래 위에 앉아 담뱃대에 담배를 쟁이고 불을 붙였다. 그런데 그 중에서 활과 살을 등에 멘 한 사나이가 말에서 내려 담배를 쟁이더니 나에게 불을 청한다. 그래서 내가 비로소 그에게 몇 가지 물었더니 그는,

"황제의 조카 예왕께옵서 열다섯 살이 되는 황손과 또 열한 살이 되는 황손 둘을 데리고 열하에서 북경으로 돌아오시는 길에 사냥을 하시는 것이랍니다."

라고 한다. 나는,

"그럼 잡으셨나요?"

하고 물었더니 그는,

"사흘 동안 내내 겨우 독수리 한 마리밖에 못 잡았답니다."

라고 한다. 그 때 갑자기 옥수숫대 꺾어지는 소리가 나기에 등골이 오싹해졌다. 말을 탄 한 사람이 밭 가운데로부터 마치 날아오르기라도 할

것처럼 달려나오는데, 화살을 힘껏 잡고 안장 위에 꽉 엎드린 채 달리는 그의 흰 얼굴을 보니 눈이 부실 지경이었다. 담배를 태우던 사람이 그를 가리키며,

"저이가 열한 살이 되는 황손이랍니다."

라고 한다. 황손은 한 마리의 토끼를 쫓고 있었는데, 토끼가 달아나다가 모래 위에 가 쓰러지며 네 발을 모았다. 그가 말을 재빨리 몰며 활을 쏘았으나 맞지 않았다. 토끼는 얼른 다시 일어나더니 산 밑으로 달음질을 친다. 그제야 백여 명이 달려가서 토끼를 에워쌌다. 넓은 평원에는 먼지가 자욱하게 일어나고 총소리가 요란하더니 원을 그리고 둥그렇게 에워쌓던 사람들이 순식간에 원을 풀고 가버리자 먼지 속에서 무엇이가 잠깐 보이고 곧 잠잠해졌다. 과연 토끼를 잡았는지는 알 수 없으나, 말을 달리는 걸 보니 어른 아이 할 것 없이 타고난 재질들을 지니고 있었다.

대부분 책문에서 연산관까지는 높은 산과 언덕이 많아 숲이 우거지고 가끔 가다 새들도 지저귀지만 요동에서 연경까지의 이천 리 길에는 날아다니는 새도 없을 뿐만 아니라, 짐승도 다니지 않는다.

장마가 지고 날씨는 찌는 듯하여 숲 속에는 뱀이나 벌레도 다니지 못하고 개구리나 두꺼비가 지나는 것조차 볼 수가 없었다. 벼가 익어 한창때이지만 참새 한 마리도 날아다니지 않고, 물가의 모래사장 부근에는 물새 한 마리 보이지 않더니, 이제묘 앞 난하에서 겨우 두 쌍의 갈매기를 볼 수 있었다. 그리고 까마귀, 까치, 솔개 등은 보통 도시를 중심으로 모여드는 것이 원칙인데, 이 연경 땅에서는 거의 보이지 않았다. 결국 우리 나라에서와는 달리 그것들이 공중을 가려 가면서 날아다니는 것같지 않다는 것을 알 수 있었다.

처음에는 이런 변방 요새의 수렵 지대에는 언제나 금수가 많을 것이라고 예측했는데, 지금 이 곳의 산은 가면 갈수록 초목은 없고 새 한 마

리도 보이지 않는 것은 이 곳의 만주인들이 사냥을 업으로 삼기 때문이라는 것을 비로소 알았다. 그러나 그들이 앞으로 어떤 곳에서 사냥을 또 할 것인지를 알 수 없으니 이러다가는 짐승들의 씨를 말려 버리지나 않을 것인지. 짐승들이 안전한 곳으로 피신하는 방법이 달리 있는지 알 수 없는 일이었다.

강희 황제가 왕위에 오르고 나서 20년 만에 오대산에 놀러 갔을 때였다. 갑자기 숲 속에서 호랑이 한 마리가 뛰어나오자, 황제는 몸소 활을 쏘아서 호랑이를 죽여 버렸다.

그 때 산서의 도어사인 목이새와 안찰사인 고이강이 황제께 말씀드려 그 땅의 이름을 석호천이라 명하게 하고, 잡은 호랑이 가죽은 대문수원에 보관하여 지금까지 전하고 있다.

그는 손수 화살 서른 개를 뽑아 들더니 토끼 스물아홉 마리를 잡았으며, 또 그가 송정에서 사냥을 할 때 큰 호랑이 세 마리를 쏘아 죽였는데, 그 때의 모습을 그린 그림이 민간에 널리 보급되었으니 이는 참으로 신기라고 할 수밖에 없다.

여러 공자들이 사냥에 나섰을 때 날쌔게 달리는 것을 보아 그들의 집안 법도를 대강 짐작할 수가 있겠다. 만약 그 때 옥수수 밭 속에서 호랑이 한 마리가 뛰어나왔다면 그들은 더욱 기뻐했을 것이며, 만 리 길을 떠나온 나도 한번 통쾌한 장면을 볼 수 있었을 것인데, 그렇게 되지 못한 것이 좀 서운했다.

장성* 밖에 이르니 묘에 잇대어 성을 쌓아서 높고 낮은 굴곡이 생겼으며, 그 요충지에는 속이 덩그러니 비어 있는 돈대를 세워 두었는데, 높이가 예닐곱 발, 너비가 열네댓 발이나 되어 보였다. 그런데 대부분

---

＊장성  만리장성. 중국의 화북과 내몽고와의 경계선에 동서로 길게 뻗은 성벽으로 된 유적. 길이 약 2,400㎞, 높이 약 6~9m, 두께 4.5m.

의 요충지는 사오십 보마다 돈대 하나씩이 놓여 있고, 평탄한 곳에는 이백 보 만에 돈대 하나씩을 놓아 두었는데, 돈대가 있는 곳에는 백총이 지키고 있고 열 돈대는 천총*이 지키고 있었다.

그리고 일이 리 간격으로 방울 소리가 들려 만약 한 사람에게 사건이 생겼을 때는 좌우에서 횃불을 높이 들어 서로 옆으로 전하게 하여, 수백 리 먼 곳에서도 금방 알고 모두 준비를 하게 되니 이것은 모두 명나라의 명장 척남궁*이 고안해 낸 수단이라고 한다.

옛날 육국 때에도 마찬가지로 장성은 있었다.

조나라 명장 이목이 흉노를 물리쳐 십여만 명이나 되는 기병을 죽였으며, 또 첨람을 전멸시키고 임호, 누번을 무너뜨린 후 장성을 쌓으니, 대에서 음산, 고궐에 이르기까지 다시 새 문을 만들어 운중, 안문 또는 대군 등의 여러 마을을 세웠다.

진은 의거를 격파한 후 마침내 농서, 북지, 상군 등지에 높다란 성을 쌓아 침입을 막았다. 또한 연은 동호를 쳐부수고 천 리를 넓힌 다음 마찬가지로 높은 성을 쌓고는 조양에서 양평까지 상곡, 어양, 우북평, 요동이라는 마을을 세웠다.

그리고 진, 연, 조의 세 나라가 모두 새 문을 만든지 오래 되어서 저마다 장성을 다시 쌓았으나 그것이 실제로는 서로 연결이 되어 북, 동, 서로 향한 것이 무려 만 리나 되었다. 그런데 진나라가 천하를 통일하여 천하를 호령하게 되자 곧 몽념으로 하여금 장성을 쌓게 하고 지세를 이용하여 험한 곳은 변경 지역을 눌러서 임조에서 요동까지 만 리를 쌓게 했으니, 생각해 보면 몽념은 옛 성을 모두 다 늘리고 고친 것이 아니었던가. 징성이 연, 조의 옛 성터에 새로 쌓은 것인지는 잘 알 수 없으나, 몽념의 말로는,

---

* 천총  조선 때 정3품의 무관.
* 척남궁  척계광.

"이 성은 임조에서 시작하여 요동까지 뻗쳐 있다."
라고 했으니 결국 이 성은 만여 리를 뻗친 사이에 지맥을 끊지 않을 수가 없었고, 또한 사마천이 북쪽 변방에 갔을 때 몽념이 쌓아 놓은 장성을 보고 그 역정과 돈대가 모두 다 산을 끊고 골을 메운 것을 보고는 그가 너무나 백성의 힘을 소모했음을 꾸짖었다.

사실 이 성은 몽념이 쌓은 것으로 연나라와 조나라가 쌓은 옛날 것이 아닐지도 모른다. 이 성은 모두 다 벽돌을 이용했는데, 이 벽돌들은 모두 한 기계로 찍어 낸 것으로 두텁거나 얇거나 크고 작은 그런 차이가 조금도 없었다. 성 밑쪽의 돈대는 돌을 잘 다듬어서 쌓았으며, 땅 밑에 포개 놓은 것은 다섯이고, 땅 위에 포갠 것은 셋이라고 하는데, 그 돈대는 한 번씩 무너지기도 했다. 그 높이는 다섯 길 정도 되며, 흙을 섞지 않고 다만 벽돌에다 석회만을 발랐는데, 그 발라 놓은 석회가 종이로 가린 것처럼 얇아서 조심스럽게 벽돌을 이어 붙여 놓은 솜씨가 마치 나무에다 아교풀을 합친 것 같았다. 성의 안과 밖이 대패로 밀어낸 것처럼 아래는 넓고 위는 좁아 보여서 대포와 충차라 할지라도 일시에 무너뜨리기에는 힘들게 되어 있다. 밖의 벽돌은 조금씩 일그러진 곳도 있지만, 그 안에 쌓아 놓은 것만은 잘 보존되어 있었다.

담결핵을 치료하는 데에는 천 년 묵은 석회에 초를 넣어서 떡처럼 만들어 붙이기도 하는데, 오래 묵은 석회로는 장성이 제일이었으므로 나라에서는 사신이 드나들 때는 언제나 이것을 구해 오게 하였다.

내가 젊었을 때는 주먹만한 것을 본 기억이 있는데, 지금 것과 비교해 보면 별로 좋은 것이 아니라는 것을 알게 되었다. 길가의 모든 성의 제도는 전부가 장성과 다를 바가 없었으며 어디서나 주먹같이 큰 석회를 쉽게 얻을 수 있었고 결코 고생을 사서 할 필요도 없는 일이다. 이것은 우리 나라의 길가에 무너져 내린 성 밑을 지나며 주운 것과 별로 다를 바 없다.

돌아오는 길에 고북구에 잠깐 머물렀다. 지난번에 새 문을 나갈 때에는 때마침 밤이 깊어서 주위를 골고루 구경하지 못했는데, 이번에는 반대로 대낮이어서 수역과 함께 잠깐 동안 모래톱에서 휴식하다가 바로 첫 번째 관으로 들어갔다. 수천 마리의 말이 관문을 메울 듯이 서 있으며, 두 번째 관문을 들어가니 군졸 사오십 명이 칼을 찬 채 빙 둘러서 있고 두 사람은 걸상을 서로 맞대고 앉아 있었다. 나는 수역과 더불어 말에서 내린 다음 조심스럽게 걷기 시작했다. 그런데 그 두 사람이 반가운 얼굴로 달려와서 인사를 하며 이 곳까지 오느라 수고하였다고 하는데, 그 중 한 사람은 머리에 수정관을 썼으며 또 한 사람은 산호관을 쓰고 있었다. 그 사람들은 모두가 수비하는 참장이라고 한다.

석진*의 개운 2년에는 거란주 덕광이 쳐들어와서 호북구로 돌아오다가, 진이 태주를 쳐부수러 갔다는 전갈을 받고 군사를 모두 이끌고 와서 다시 남쪽으로 내려가니, 거란주는 수레바퀴 안에서 철요기*의 기병들에게 명령하고 말에서 내려와 진군의 녹각*을 빼앗아 쳐들어갔다.

장성을 둘러싼 구라 하는 곳이 무려 몇백씩이나 되었는데도 태원* 분수 북쪽에도 호북구라는 지명이 있으니, 그 때는 덕광의 군사가 기양에서 북쪽으로 향했기 때문에 그 길이 서로 달라 유주나 단주의 호북이 곧 이 관일 것이라 생각했다. 당나라 때 선조 가운데 호라고 하는 휘가 있었는데, 당나라에서 이 호를 고쳐 고북구라고 했다. 송나라 사람이 지은 〈사료행정록〉에 일렀으되,

"단주에서 북쪽으로 팔십 리를 와서, 거기에서 다시 팔십 리를 가니 호북구관에 닿았다."

라고 했으니, 단주에 있는 고북구도 마찬가지로 호북구라 불렀던 것이

---

* 석진  오대 때의 후진.
* 철요기  거란의 기병대 이름인 듯함.
* 녹각  군대에 쓰는 방어물의 일종.
* 태원  산서성에 있음.

다. 송나라 선화 31년에 금나라 군사가 요병을 고북구에서 격파했고, 가정 2년에는 몽고가 금나라로 쳐들어가서 고북구에 이르자 금의 군사들은 후퇴하여 거용관을 지켰다. 원나라의 치화 원년에 태정제의 아들인 아속길팔이 상도에서 임금이 되어 군대를 보내 주었는데, 도를 나누어 연나라의 철첩목아와 대결하여 대도에서 싸울 때에 탈탈목아는 고북구를 지키고 있다가 상도에 있는 군대와 함께 의흥에서 싸웠으며, 명나라 홍무 22년에는 연왕에게 지시를 하자 군사를 이끌고 나아가 고북구에 가서 내안불화를 이도에서 쳐부수고, 영락 8년에는 고북구의 소관 어귀와 대관 바깥 문을 봉쇄하여 사람 하나와 말 한 필만 허용해 주었다고 하는데도, 지금까지 이 관은 다섯 겹이나 되는 문이 있다 하는데 별로 손상되지 않고 보존되어 있었다.

사실 이 관은 수많은 전쟁을 거쳐왔기 때문에 세상이 한번 뒤집어지면 곧 백골이 산같이 쌓이게 되니, 이것이야말로 참으로 호북구였다. 지금은 평화가 계속되어서 백여 년이나 지났는데도 네 경내의 병혁이 혼란하지 않아서 삼과 뽕나무는 울창해지고, 개와 닭이 우는 소리는 멀리까지 들리게 되어 이처럼 풍요로운 휴양과 생식은 한·당 이후론 한번도 구경하지 못했던 일이니, 그들은 어떤 덕화로 이렇게 좋은 일을 하였을까. 그러나 기쁨이 가득 차 있을 때는 한 번쯤은 사라져 버리는 법이다. 이 곳 백성들이 전쟁을 하지 않은 지가 오래 되었으니 정말 앞으로 다가올 토붕와해* 같은 것이 어찌 걱정되지 않으리오.

이 관은 대부분이 산 위에 위치했기 때문에, 비록 수많은 산봉우리로 삥 둘러 싸여 있다고는 하나 오히려 눈앞에는 큰 바다가 보인다. 〈금사〉를 상고해 보면,

"정우*에 조수가 흘러 넘쳐서 고북구의 단단히 쇠로 장식해 놓은 관

---

* 토붕와해  근본이 무너짐.
* 정우  금나라 선종의 연호.

문이 허물어졌다."
라고 했으니 대체로 오랑캐들이 중국을 업신여기는 것은 그들의 나라가 상류에 위치하여 마치 병의 목을 거꾸로 매달아 놓은 것처럼 된 까닭이다.

이백은 시에서 이르기를,

황하의 깊은 물이
하늘에서 내리는듯.

이라 하였으니, 대체로 그 지형은 서쪽이 높아서 황하가 흡사 하늘 위에서 흘러 내리는 것처럼 보인다는 것이다.

관내에 있는 음식점에서 점심을 먹었다. 그 벽 위에는 황제의 어필인 칠언절구 한 수가 붙어 있었다. 이는 공민에게 내린 것이다. 황제는 처음엔 남쪽부터 순행을 시작했는데 계속해서 열하로 돌아올 때까지 모든 공씨들이 한결같이 환영하기에 바빴다. 황제는 이에 보답하기 위해 시를 읊었는데, 공씨 문중의 우두머리인 공민이 여기에 발을 달아 임금의 은총을 아주 잘 다듬어서 돌에 새겨 많이 찍었는데, 그 중 한 벌을 이 점주에게 선물하고 갔다고 한다.

그 시는 별로 훌륭하지는 않았지만 새긴 글씨 모양은 매우 특이했다. 점주가 나에게 이것을 사라고 권유하기에 슬그머니 그 값을 물어보았더니 점주는 서른 냥이라고 한다. 식사를 마치고 이내 출발하여 세 번째 관문에 들어섰다. 양쪽 벼랑에 는 석벽을 깎아 세운 듯이 높다랗게 우뚝 솟아 있고, 그 가운데로는 수레 한 대 정도가 다닐 수 있게 길이 뚫려 있으며, 그 아래로는 깊은 시내와 큼직큼직한 바위가 여기저기 널려 있었다.

기 공 왕증과 정 공 부필은 오래 전에 거란에 사신으로 갈 때에도 이

길을 지나갔으므로 그의 〈행정록〉 가운데,

　"고북구에는 석벽이 양쪽으로 장엄하게 세워져 있고, 그 사이로 길이
　나 있는데 수레가 겨우 빠져나갈 정도이다."
라고 한 것을 보면 그가 이 곳으로 지나갔다는 것을 알 수가 있겠다. 한
절에서 잠깐 쉬어 가면서 보니, 거기에 영빈 소철*의 시가 새겨져 있었
다.


　　　묘가 어지럽게 둘러 있어 갈 곳이 없고
　　　좁은 길 어지러워 시냇가에 앉아 있네
　　　꿈 속에 잠긴 듯이 촉나라 길을 헤매니
　　　흥주에서의 동쪽 골이 봉주에서는 서쪽이라네.


〈송사〉를 상고해 보자면,

　"원우년에는 소철이 형 소식을 대신해서 한림학사가 되었고, 얼마 되
　지 않아서 또한 예부상서의 직을 대신해서 거란에 사신으로 갔었는
　데, 그의 관반인 시독학사 왕사동은 소순·소식의 글, 그리고 소철의
　〈복령부〉를 외었다."
라고 하였으니 이 시는 바로 소철이 사신으로 지나가면서 이 곳에서 썼
던 것이리라.

　그 곳에 중 두 사람이 머물고 있는데, 난간 밑에서 오미자 두어 섬 정
도를 말리고 있었다. 내가 무심코 낱알 두어 개를 집어서 입 안에 넣었
더니, 중 하나가 이것을 보고 갑자기 화를 내며 눈알을 부라린 채 호통
을 치는데, 그의 행동이 참으로 험상궂어 보였다. 나는 그냥 일어나서
난간가로 비켜섰다.

---

❚ * 소철　송나라의 대문장가.(1039~1112)

때마침 마두 춘택이 담뱃불을 얻으려고 들어오다가, 이 광경을 목격하고 노발대발하는 모습으로 달려들며,

"우리 영감께옵서 날씨가 하도 더워 찬물 생각이 나신 터라 그 많은 것 중에 겨우 몇 알 되지 않는 낱알 몇 개를 씹어 침을 돋우려 한 것인데, 이 무례한 까까중 놈아, 하늘에도 높은 데가 있고, 물에도 깊은 데가 있는 줄 모르느냐. 당나귀가 높낮이도 구별하지 못하고 얕고 깊은 것도 알아채지 못하는 격이로구나. 이런 무례한 놈아, 이게 대체 무슨 짓이란 말이냐."

하고 꾸짖으니 중은 모자를 홱 내던지고는 입가에 흰거품을 문 채 양어깨를 거들먹거리면서 까치 걸음으로 앞으로 달려들며,

"너희 영감이 나에게 무슨 관계가 있단 말이냐. 하늘처럼 높다고 하나, 너희들에게는 그럴지 모르나 나에겐 무서울 게 하나도 없다. 비록 관우님이 현령하고 금년의 운세에 살이 들었다 할지라도 난 조금도 그를 두려워할 이유가 없어."

라고 한다. 춘택이 달려들어 뺨을 한 대 갈기고는 계속해서 입에서 나오는 대로 심한 욕설을 퍼부어댄다. 그러자 중은 비로소 뺨을 감싼 채 비틀 걸음으로 들어가 버린다. 나는 큰 소리로 춘택에게 소란을 피우지 말라고 했다. 그러나 춘택은 자기 분을 삭이지 못하고 그 자리에서 중을 때려 죽이고 말 기세를 보이고 있었다.

또 한 중은 부엌문 앞에 서서 미소를 지으면서 아무 편도 들지 않고 싸움을 말리지도 않았다. 춘택은 다시 한 주먹으로 그를 때려 눕히고 나서,

"우리 영감께옵서 이 일을 황제 앞에 고한다면 너희 따위 놈의 대갈통은 반쪽이 나든가, 그렇지 않으면 이 절을 없애 버리고 깨끗이 평지를 만들어 버릴 것이다, 이놈."

하며 호통을 친다. 중은 옷을 툭툭 털고 일어나더니,

"너희 영감은 슬그머니 오미자를 공짜로 가져가고, 또 네놈은 무지
막지한 주먹 세례를 퍼부으니 이게 무슨 짓이냐."
하며 덤벼 들었으나 그의 기색은 한결 누그러져 있었다. 춘택은 더욱
기승을 부리며,
"공짜고 뭐고가 어디 있어. 그래 그게 한 말이 되더냐, 한 되가 되더
냐. 그 따위 눈곱만한 것 한두 알을 가지고 우리 영감님 높으신 체면
을 손상시킨단 말이냐. 황제께옵서 만약에 이 일을 아시게 된다면 너
따위 까까중놈의 대갈통을 당장 부숴 버릴 거다. 그 때 우리 영감께
옵서 이 사실을 황제께 말씀드린다면, 너희 놈들이 우리 영감님을 두
려워하지 않는다지만 그 때 황제도 두렵지 않단 말이냐?"
하고 마구 야단을 친다. 중이 기가 꺾여 아무 소리도 못한다. 춘택은 아
직도 속이 풀리지 않는지 그 뒤에도 한참 동안이나 욕설을 퍼붓는데 세
도 당당하게 걸핏하면 황제를 팔아댔다.
　아마 이 때 황제의 두 귀가 근질근질하지 않았나 여겨진다. 춘택은
말끝마다 황제를 내세우니, 세도를 믿고 뽐내는 모습이란 그야말로 허
리를 잡고 한바탕 웃지 않을 수 없는 장면이었다. 그 중은 정말 춘택의
위협이 무서웠던 모양으로, 황제라는 호칭을 들을 때마다 마치 벼락이
나 만난 듯이 움츠러들곤 했다. 그러다가 춘택이 벽돌 하나를 뽑아서
중에게 던지려고 하자 두 중들은 갑자기 웃어 보이며 달아나 숨고 말았
다. 그러더니 곧 다시 나타나 아가위 두 낱을 주면서 도리어 웃는 얼굴
로 청심환을 달라고 한다.
　그렇다면 처음부터의 모든 행위가 청심환을 얻기 위해서 꾸민 수작
이 아니었던가. 실로 엉큼하기 짝이 없는 중의 배짱이 아닐 수 없었으
나, 청심환 한 알을 그 중에게 주었더니 중은 거듭 머리를 조아린다. 정
말 염치라곤 조금도 없는 소행이었다. 그들이 준 아가위라는 것은 살구
처럼 굵기는 해도 아주 시큼시큼해서 먹을 수가 없었다.

옛날의 성인은 남의 물건을 거듭 사양하다가 마지못해 받았으며, 남과 물건을 주고받는 행위를 몹시 삼갔으니, 이르기를,

"만약 옳지 않은 일이라면, 한낱 조그만 지푸라기라도 함부로 건네주지 않아야 하고, 남으로부터 받아서도 안 되는 것이니라."

라고 했던 것이다. 사실 조그만 지푸라기를 놓고 본다면, 세상에서 가장 작고 가볍기 짝이 없는 하찮은 것으로서 천지간 만물 중에서 헤아릴 만한 가치조차 없는 물건이다. 따라서 이런 것을 가지고 사양하고 받고 취하는 일들을 따질 필요가 있을까만은, 이런 하찮은 물건 하나하나에 신경을 써야 할 만큼 양심과 예의를 강조한 것이 얼핏 생각하기에 무의미한 것으로 생각되었다가도 이번 오미자로 말미암아 생겨난 일을 당하고 보니, 성인들의 한낱 지푸라기에 관한 그 말이 진리임을 깨닫게 된다. 아아, 성인들이 어찌 헛된 말로 우리들을 가르칠 것인가?

두어 개의 오미자는 사실 한 개의 지푸라기와 같은 물건이지만 저 불경스런 중이 내게 보인 버릇없는 소행은 실로 이치에 어그러진 것이라 하겠다.

그것 때문에 싸움이 시작되었고 주먹다짐이 벌어졌을 뿐아니라, 그들이 싸우는 동안은 분한 마음을 억제하지 못하여 저들의 생사조차 생각하지 않을 지경에까지 이르렀었다. 따라서 이러한 경우를 보면, 한낱 오미자 한두 개에 불과한 것이 커다란 재앙을 초래했던 만큼, 아무리 작고 가벼운 물건이라 해도 결코 아무렇게나 보아 넘겨서는 안 되는 것이리라.

옛날 춘추 전국 시대에 종리에서 살던 한 여인이 초나라 여인과 뽕따기 내기를 하다가 결국에는 두 나라 사이에 전쟁을 일으키게 했던 일이 생각난다.

지금 이 일에 그것을 비추어 비교해 본다면 한두 개의 오미자가 성인이 말한 대로 한낱의 지푸라기보다 많았으며 그 옳고 그름을 가리는 것

이 초나라 여인의 뽕따기 다툼과 다를 게 없으니, 만약 이 때 싸우다가 목숨이라도 잃는 사건이 발생했다고 한다면 군사를 동원하여 문책하는 사건이 벌어졌을지 그 누가 알겠는가?

나는 원래 학문이 깊지 못하여 처음부터 갓을 제대로 잡고 들메끈을 매는 일을 그만두지 못하여 오미자를 공짜로 먹었다는 창피를 당하였으니, 이 얼마나 수치스럽고 또한 두려운 일인가?

길가에는 열하로 향하는 빈 차가 날마다 몇 천인지 몇 만인지 모를 만큼 많았는데 이것은 황제가 앞으로 준화, 역주 등지로 가게 되기 때문에 미리 짐을 싣기 위한 것이었다. 그리고 몇천 마리의 낙타가 줄을 지어 물건들을 실어 나르고 있었는데, 이것들은 보통 크고 작은 놈 할 것 없이 한결같이 옅은 흰 빛에 조금씩 누런 빛을 띠고 있으며, 털은 짧고 머리는 말과 같으나 가는 눈매는 양과 같고, 꼬리는 소의 꼬리와 같이 생겼다. 그리고 걸어다닐 때는 목을 꼭 움츠리고 머리를 쳐들고 있는 것이 마치 날아가는 해오라기의 모습과 같고, 무릎에는 마디가 두 개 있으며 발은 두 쪽으로 갈라져 있고, 걸음걸이는 학과 같으며 소리는 거위와 비슷했다.

당나라 현종 때의 장수 가서한이 서하에 머무르고 있을 때였다. 그 주사관이 장안으로 들어갈 때마다 흰 낙타를 타고 하루에 평균 오백 리를 달리기도 했었다. 그리고 석진의 개운 2년에 부언경이 거란 철요의 군사를 크게 무찔러 거란 임금은 해차를 타고 달아났는데, 그 뒤에 적병의 추격이 하도 급하여 덕광이 낙타 한 마리를 잡아 그와 거란 임금을 태우고 달아났다 하는데, 지금 낙타의 걸음걸이를 보면 몹시 느리고 둔하여 뒤를 따라오는 적군에게 붙잡히기 십중팔구였다. 혹시 그놈들 가운데 잘 달리는 놈이 있었는지는 모를 일이다.

고려 태조 때 거란은 낙타를 40마리 바쳤지만, 태조는 거란이 워낙 무도한 나라라고 하여 거절하고 다리 밑에다가 매어 놓으니 십여 일이

지나서 모두 굶어 죽고 말았다. 비록 거란은 무도한 나라라고 하나 낙타에게야 무슨 허물이 있으리오.

일반적으로 낙타는 하루에 소금 몇 말과 꼴 열 단쯤은 거뜬히 먹어 치우는데, 나라에서 세운 목장은 매우 초라하고 어린 목동들로서는 낙타를 기르는 일이 쉬운 일이 아니었음은 말할 나위도 없다. 또한 낙타를 이용하여 물건을 실어 나른다 해도 도시의 건물은 낮고 비좁으며 길은 형편없이 좁아서 낙타를 거느릴 수가 없는 형편이었으니, 그만 낙타는 쓸모없는 물건이 되고 말았다.

지금까지도 그 다리의 이름을 낙타라고 부르는데 개성 유수부에서 삼 리쯤 가면 있으며, 다리 옆에 돌을 세우고 낙타교라고 새겨 놓았지만 원주민들은 이것을 낙타교라 부르지 않고 모두 약대다리라고 한다. 이것은 그들이 쓰는 사투리로서 약대는 낙타를 뜻하고, 교량은 다리라고 하기 때문이다. 여기에서 더욱 심하면 야다리라고 불러대기도 한다

내가 맨 처음 개성에 놀러 갔을 때에 낙타교에 대해 물어 보았으나 사람들은 그 다리가 어디에 있는지조차 몰랐으니, 정말 이것은 사투리가 아무런 의의를 갖지 못하고 함부로 사용된 셈이다. 이 날은 팔십 리를 갔다.


**18일.** 아침에 갰다가 가는 이슬비 내림. 곧 비가 멎고 오후에는 바람과 우레 치다 소나기가 마구 쏟아짐.

아침 일찍 출발하여 차화장과 사자교를 지나쳤는데 행궁이 있는 목가곡에 도착하여 점심 식사를 끝내고는 다시 출발하여 석자령을 지나 와 밀운에 다다르니 청나라 왕실의 모든 왕과 보국공*과 수많은 관원들은 북경으로 돌아가느라 길을 메웠다.

---

* **보국공** 황실로부터 벼슬과 토지를 받은 자.

백하에 이르니 나루터에 모여든 사람들이 서로 먼저 건너려고 소리를 지르고 있다. 이들은 한 번에 건너기가 힘들기 때문에 배다리를 맸다. 대부분의 배들은 돌을 운반하기 위한 것이었고, 사람을 실어다 주는 배는 오로지 한 척에 지나지 않았다.

전날 이 곳을 지날 때에는 군기가 마중 나와 주었고 낭중은 건너는 일을 감독했으며 황문은 길을 안내했고 제독과 통관들은 의기가 당당하여 물가에서 채찍을 들어 몸소 지휘하였으니, 이것이야말로 산하를 움직일 듯한 기세였다.

지금 연경으로 돌아오는 길에는 그들 같은 호송도 없을 뿐만 아니라 황제의 위로의 한 마디도 없다. 이것은 사신들이 부처님을 만나 뵙는 것을 꺼려했기 때문에 받는 푸대접인 셈이다. 그들의 행동을 자세히 살펴보면, 갈 때와 올 때의 대접이 이렇듯 다르다는 것을 알 수 있다.

바로 저 백하는 그제 건넜던 물이었으며, 모래 언덕은 지난번 발을 멈추던 곳이었고, 제독이 손에 지니고 있는 채찍이나 물 위로 떠다니는 배까지 올 때의 모습과 변함이 조금도 없는데, 그럼에도 불구하고 제독은 입을 열지 않으며 통관은 머리를 숙이고 있고, 앞에 보이는 강산은 조금도 변함이 없는데, 하지만 세상의 인심은 이렇듯이 속속들이 눈앞에 드러나고 있다.

아아, 서러운 일이로다. 세상은 믿을 만한 것이 되지 못하는구나. 그리고 사람들은 천세가 당당한 곳에는 흥미를 보이지만 잠깐 사이에 세상이 변해 버리고 마니 어디에다 호소를 하겠는가. 이는 마치 진흙에 빠진 소가 바다로 떠내려가듯이, 또는 큰 빙산이 햇빛을 만나 녹아 내리듯이 세상의 일들은 모두가 이와 다름없으니, 어찌 서럽지 않겠는가. 이런 생각을 하고 있는데 갑자기 사나운 구름이 몰려오더니 세찬 바람과 우렛소리가 들려온다.

그러나 갈 때와 비교해 보면 그렇게 심한 것은 아니지만, 하필이면

갈 때와 올 때 두 번 다 이런 일을 만나니 참 묘한 일이구나 하고 속으로 생각하게 된다. 옛날 역사를 잘 살펴보면,

"명의 천순 7년에 밀운 회유현에 홍수가 나서 백하가 무진장으로 부풀어올라 밀운에 있는 군기고와 문서방이 떠내려갔다."

라고 했으니, 어쩌면 이 곳은 옛날의 전쟁터로서 사나운 바람과 비가 자주 일어나기 십상이어서 이에 분노한 번개와 우레가 그 침울한 원혼을 풀어 주려는 것인지도 모른다.

지나오는 물길마다 그들이 탄 배는 모양이 모두 달랐는데 이 곳 백하의 배만은 우리 나라의 나룻배와 거의 비슷했다. 어떤 것은 톱으로 배한쪽을 잘라서 끈으로 몇 채를 묶어서 하나로 만들었는데, 그 모양이 하나뿐일 때도 우습게 보이는데 더구나 셋을 연결시켜 놓았으니 오죽 가관이랴.

갑자기 기병 사오십 명이 거세게 밀어닥쳤다. 그 기세가 무척 수선스러운데도 옆에 있는 우리 나라의 경마군과 말을 보고도 모르는 체해 버린다.

그들이 한꺼번에 배를 타는데 맨 뒤의 기병이 팔에 파란 빛을 띤 매를 안고 채찍을 휘두르며 급히 배에 뛰어오르려다가 그만 말 뒷굽이 미끄러져 안장을 맨 채 물 속으로 빠져 버렸다.

기어오르려고 마구 허우적대며 헤쳐 나오려다가 겨우 배를 붙잡고 지친 몸으로 기어올랐다.

그가 안고 있던 매는 기름 항아리에 던져진 나방과 같았고, 말은 오줌통 속에 빠진 쥐와 같게 되었으니, 잘 차려입은 옷과 멋진 채찍은 물에 젖어서 일그러져 버렸는데도 그 채찍으로 죄 없는 말을 후려치니 매는 더욱 놀라 퍼덕거렸다.

자신을 뽐내고 남을 업신여기면 금세 이런 꼴을 당하게 된다는 것을 실감할 정도였다. 강을 건너고 나서 그를 뒤따르는 기병에게 물어 보았

더니, 기병은 말 등에서 몸을 구부린 채 채찍으로 진흙 위에 ,

"그 분은 사천장군이랍니다. 나이가 많이 든 탓에 용맹이 줄어들었답니다."

라고 썼다.

부마장에 이르러 쉬었는데 객점은 바로 그 성 밑에 있었다. 그리고 그 성이 바로 회유현이었다. 밤에 문을 열고 나와서 뒷간을 가려는데 마침 그들이 두 명 또는 사백여 명이 한 동아리가 되어 달리려는 참인데 각 대열마다 등불 하나씩이 앞장을 섰다.

그들은 모두 귀족처럼 보였고 수레바퀴 소리와 말소리가 온 밤 내내 그치지를 않았다. 이 날은 모두 육십오 리를 갔다.

**19일.** 갰다가 가끔 비가 뿌렸음. 오후 늦게는 더 맑았지만 날씨가 무척 더웠음.

새벽에 회유현을 출발하여 남석교에 이르러서 점심을 먹었다. 여기서 홍시를 맛보았는데 그 모양이 골이 네 개가 진데다가 턱이 있는 것이 꼭 우리 나라의 반시와 같았으나, 단지 아주 달고 부드럽고 물이 좀 많은 것이 다를 뿐이었다. 이 감은 계주의 반산에서 생산되는 것인데, 그 곳의 우거진 숲은 모두 감, 배, 대추 등으로 이루어졌다고 한다. 임구를 지나 청하에 도착하여 쉬었다. 이 곳은 길이 하나여서 갈 때와 같은 길이 아니라는 것을 알았다. 길가에 있는 묘우에 들렀더니 강희 황제의 어필로,

"좌성 우불"

이라고 씌어 있었으니, 좌성은 바로 관운장을 뜻한 것이나.

그리고 양쪽 주련에는 그의 높은 도덕과 학문을 높이 찬양하고 있었다. 그들이 관 공을 우러르는 까닭은 명나라 초기 때부터였는데, 그의 이름을 일컬어 패관의 기서에까지도 모두 관모라고 했다. 그리고 명 ·

청 때에는 공이와 부첩*까지도 관성이니 관부자니 하며 높여 불렀다 하니, 그 잘못된 것과 비천한 것을 그대로 따라 세상의 사대부들은 모두 그를 학자처럼 숭배했던 것이다.

학문을 연구한다는 것은 생각이 깊고, 변증함이 밝아야 하고, 자세히 검토하여 많은 것을 배운다는 뜻이다. 한낱 덕성을 높이는 데 그치지 않고 문학을 계속해서 해야 한다. 옛날에 하우씨의 아름다운 경고에 절실함과 촌음을 아낀 것이라 하지만, 안자의 잘못을 되풀이하지 않고 남에게 피해를 끼치지 않았다 할지라도 그의 마음이 조금은 거칠음이 있다고 했으니, 학문이 극에 이르렀다 해도 객이 된 기분은 남아 있다는 뜻이다.

이런 객기를 완전히 없애는 것은 개인의 사사로운 욕심을 없애고 도리를 지켜 행동으로 옮기는 방법이 있다. '내'가 사사로운 욕심에 가득 차 있으면 성인은 원수나 도적같이 생각하여 기필코 끊어 없애 버려야 한다.

그래서 〈서경〉에는,

'상을 쳐서라도 기필코 이겨야만 하겠다.'

라고 했고, 〈역경〉에는 또한,

'고종*이 귀방을 쳐 삼 년 만에 이겼다.'

라고 했으니 삼 년 동안이나 전쟁을 하면서도 기어코 이겨 내고 마는 것을, 바꾸어 말해서 싸움에 졌다면 그 나라는 나라 구실을 제대로 하지 못했다는 것을 뜻한다. 그러므로 사사로운 욕심이 채워진 뒤에야 비로소 예법으로 돌아온다고 하니, 이 돌아온다는 말은 추호도 거짓이 없다는 것을 뜻한다.

예를 들면 저기 보이는 해와 달이 때로는 다 없어졌다가는 둥근 형태

---

＊부첩  관아의 장부와 문서.
＊고종  은을 중흥시킨 임금.

로 다시 돌아올 수 없겠고, 또 잃어버린 물건을 다시 찾았을 때 그 무게가 조금도 줄어들지 않은 것을 알게 되는 것과 같다.

이런 경우에 어질고 슬기로움과 용기 세 가지가 모두 덕에 도달하지 않으면 학문이란 이룩하기 어려운 것이다. 지금 관 공과 같은 정의와 용기야말로 자기의 욕심을 구하기 이전에 벌써 예의 범절을 지키는 분이겠지만, 그를 가리켜 학문을 터득한 것으로 간주한다는 것은 다만 그가 〈춘추〉에 밝았기 때문이다.

성도는 더욱 멀어지고 오랑캐들은 돌아가며 중국의 임금이 되어 저마다 법이 달라 세상을 어지럽게 하여 올바른 학문은 차츰 끊어지고 마니 천 년 뒤의 사람들이 〈수호전〉으로 정사를 삼게 될지 누가 알리오. 어떤 이는 말하기를,

"남쪽 오랑캐와 북쪽 오랑캐가 계속해서 중국의 임금이 된다면 왕희지를 문묘에서 제사를 받들 수도 있으며 〈수호전〉을 정사로 삼는다 해도 무방할 것이며, 비록 공과 안을 내쫓고 석가를 치켜세운다 할지라도 나는 전혀 감정을 갖지 않겠소."

하며 한바탕 크게 웃고는 일어섰다.

연경으로 돌아가는 관원들이 이 곳에 이르러서는 그 수가 더욱 늘어났음을 알 수 있었다. 열하로 가는 빈 수레는 밤낮을 가리지 않고 계속해서 있었다. 마부나 역군들 가운데 서산에 가본 사람이 멀리 서남쪽에 빙 둘러 있는 돌산을 가리키면서,

"이것이 바로 서산이오."

라고 한다. 구름 속에 일렁이는 수백 개의 봉우리가 보일 듯 말 듯하고 산의 꼭대기에는 흰 탑이 공중으로 뾰족하게 솟았으며 산들이 병풍처럼 둘려져 있으니, 이것은 마치 한 폭의 그림처럼 보였다.

그들이 서로 바라보며 하는 말을 들어 보니,

"저 수정궁, 봉황대, 황학루 등에 걸려 있는 그림이 모두 이것을 흉내

낸 것이지."
라고 한다.

강의 남쪽에는 넓은 호수가 펼쳐져 있고 그 위에 흰 돌로 깎아 세운 다리가 놓여 있는데 수기나 어대 및 십칠 등의 다리들은 모두 그 너비가 수십 보에 이르고 길이가 백여 길에 이르렀으며, 무지개와도 같이 둥그스름하게 뉘어져 있고 양쪽으로는 돌로 난간을 만들어 두었으며 다리 밑으로는 비단돛을 달고 용을 그린 배를 다니게 했다. 이것은 사십 리나 되는 먼 곳의 물을 끌어 와서 호수를 만들고 폭포가 돌 틈에서 뿜어 나게 만들었으니, 이것을 바로 옥천이라고 한다.

황제께서 강남을 다녀올 때나 막북에 갈 때에도 일부러 이 곳에 들러 이 샘물을 마신다고 한다.

이 샘의 물맛은 세상에서 제일이라 하는데 연경의 팔경 가운데 옥천수홍이 그 하나라고 하며, 마부 취만은 벌써 다섯 번이나 다녀갔고 여졸 산이는 두 번이나 구경을 했다 하기에, 그 두 사람과 함께 서산으로 가기로 했다.

## 20일. 맑음.

새벽에 비가 조금 내렸지만 금방 멎었고 날씨는 조금 참.

아침 일찍 출발하여 이십여 리를 가 덕승문에 이르렀다. 이 문의 생김새는 조양, 정양 등 아홉 문과 비슷한데, 흙탕이 심하여 그 가운데 한 번 빠지면 솟아나기 힘드리라고 생각된다. 수천 마리의 양이 길을 가득 메웠는데 목동 몇 명이 앞에서 인도할 뿐이다.

덕승문이 바로 원의 건덕문이었는데 명나라 홍무 원년에 대장군 서달이 지금 사용하고 있는 이름으로 고쳤다고 한다.

문밖에서 팔 리쯤 되는 곳에 토성의 옛 터가 있는데 이것은 원나라 때에 쌓은 것이다.

정통 14년 10월 기미에 먀선이 상황*을 모시고, 토성에 올라가 통정사 참의 왕복을 좌통정으로 하고 중서사인 조영을 태상시소경으로 삼아 상황을 토성에 나오시게 해서 만나뵙게 한 곳이 바로 이 곳이다.

그리고 〈명사〉를 되살려 보면,

"먀선이 상황을 협박하여 자형관을 쳐부수고 계속해서 경사를 넘겨다 보고 있었다. 그 때 병부상서 우겸이 석형과 함께 부총병 범광무를 이끌고 와서 덕승문 밖에다 진을 치고는 먀선의 무리에 대항할 때 병부의 시무는 시랑 오영에게 부탁했다. 모든 성문을 닫게 하고 직접 싸움에 뛰어들어 '싸움을 시작함에 있어 장수가 군졸을 거느리지 않고 뒤로 물러선다면, 그 장수는 목을 베어 버릴 것이요, 군졸로서 장수의 명령을 거역하고 먼저 달아나는 자는 뒤에 배치해 두 군대가 죽일 것이다.' 하고 호통을 쳤다. 이에 장수와 군졸들은 죽기를 각오하고 그 명령대로 움직일 것을 다짐했다. 그리고 경신에 적군이 덕승문을 넘보기에 우겸이 석형을 시켜서 빈 집 속에다 군졸을 잠복시키게 하고 기병 몇 명을 시켜 적을 유인했더니 적이 기병 일만 명을 이끌고 와 싸우고 있을 때 복병이 일어났다. 그러자 먀선의 동생인 발라가 포탄에 맞아 죽었다. 그 뒤 닷새가 지나가자 먀선은 또 도전을 시도했으나, 대항치 않았다. 또 싸운다 해도 이겨 낼 자신이 없었기 때문에 협상을 원했으나 응하지 않아서 별 수 없이 상황을 모시고 북으로 떠났다."

라고 했으니, 지금 이 문밖의 여염이나 시전이 화려하게 변한 것은 정양문 밖과 같고, 또 태평한 지가 오래 되어서 가는 곳마다 거의 그와 같았다.

그 날은 관에서 묵었는데 역관과 비장 일행의 하인들이 모두 길 왼편

---

＊상황　지금 황제의 아버지.

에서 기다리고 있다가 말에서 내리자마자 다투어서 악수를 청하며 그 동안의 고생을 위로한다.

런데 내원이 보이지 않기에 물었더니 그는 멀리까지 나가 맞이하기 위해 혼자 일찍 밥을 먹고 동문으로 갔다고 하니 아마 서로 길이 어긋 난 것임에 틀림이 없다.

창대가 장복을 보고 그 동안 서로 헤어져 있던 괴로움을 말하기에 앞 서 대번에,

"너 별상금을 얼마나 가지고 왔느냐?"

라고 물었더니, 장복도 또한 인사에 앞서서 웃음이 가득 찬 얼굴로,

"너는 상금이 몇 냥이더냐?"

하고 되묻는다. 창대는,

"천 냥이다. 마땅히 너와 절반씩 나누어야지."

라고 한다. 장복은 또,

"너는 황제를 만나 보았느냐?"

라고 말하자 창대는,

"그렇고말고. 황제께서는 말이지, 눈은 범의 눈이요, 코는 화롯덩이 를 닮았고, 옷도 입지 않은 채 벌거숭이로 앉아 있더군."

하고 대답한다. 장복은 다시,

"머리에는 무엇을 쓰고 있었지?"

라고 묻자 창대는,

"황금 투구를 쓰고 있었지. 나를 부르더니 큰 잔에 술을 가득 부어 주 며 하시는 말씀이, '네가 서방님을 잘 모시고 험한 길을 헤치며 왔다 고 하니 장하다.' 이렇게 말씀하시더군. 그리고 상사님은 일품 각로, 부사님은 병부상서로 올려 주셨지."

라고 한다.

이것은 하나같이 거짓말들이었으나 장복은 이 말을 믿어 버렸고 하인

들 가운데 제법 사리를 알고 있는 사람들도 이 말을 곧이 들은 모양으로 여러 번 되물어 왔다.

변 군과 조 판사가 나와서 환영해 준다. 우리는 길가에 있는 술집에 올라가 파란 기에 옛 시 두 구절을 썼다.

> 서로 만나 뜻이 맞아
> 그대와 더불어 마시려니
> 높은 다락 수양버들 밑에
> 말을 매고 오르려네.

이제 수양버들에 말을 매어 놓은 다음 다락으로 올라가 술을 마시니, 고인의 시 읊음이 직접 사물을 나타낸 것에 불과하지만, 그 절실한 마음이 적절히 잘 나타나 있는 것을 느꼈다. 이 다락은 위아래로 모두 마흔 칸인데 난간과 기둥에 아로 새겨진 단청이 현란하고, 분벽, 사창이 마치 신선이 살고 있는 곳처럼 보였다.

그리고 그 양쪽에는 고금의 법서와 오래 된 명화가 많이 걸려 있고, 또한 술자리에서 읊었던 아름다운 시의 구절이 많이 붙어 있었다.

이것은 조신들이 공무를 마치고 돌아가는 도중이나 또는 나라 안의 명사들이 석양이 되면 이 곳에 모여들어 말과 수레가 구름처럼 많을 때, 술이 취하면 시를 읊기도 하고 글씨와 그림에 대하여 토론하며 저녁을 보냈다.

그리고 그 아름다운 시의 구절과 글씨와 그림을 남기게 되는데 날마다 계속해서 이러했지만, 어제 남긴 것이 오늘은 벌써 다 팔려 버린다. 술집에서는 이것을 이용하려고 앞을 다투어 의자, 탁자, 그릇, 골동품 등을 사들여 장식하고, 갖가지 화초를 즐비하게 늘어놓고 시의 자료로 삼게 하며, 좋은 먹과 아름다운 종이 및 값나가는 벼루며 붓들이 항상 준비되어 있었다.

옛날에 양무구가 어떤 기생의 집에 들렀을 때, 좁은 바람벽 위에 절지매 한 폭을 그려 붙였다. 그랬더니 오고가는 사대부들이 이것을 구경하기 위해 이 집을 찾아들기 시작하고, 그 기생의 문호는 더욱더 번창해졌다.

그러나 얼마 뒤 이 그림이 도난당하고 말자 찾아들던 수레와 말은 차츰 줄게 되었다고 한다.

한편 벼슬을 멀리하며 숨어 지내던 장씨라는 한 선비는 오래 전에 최씨가 술 항아리를 두는 곳에,

무릉성 깊은 곳에 최씨 집의 맛좋은 술
이 세상에 없는 것이 하늘 위라고 있겠는가
이내 몸은 한 말 모두 마시고서 구름인 양
백운 깊은 저 동구에 취한 채 누웠다오.

라고 하는 시 한 구절을 쓰자 손님이 부쩍 늘어났다고 한다. 대부분의 중국 명사와 대부들은 기생집과 술집을 즐겨 찾았는데 이것을 나쁘게 생각하지 않자 송나라 학자인 여조겸은 가훈을 지어 찻집과 술집에 드나드는 것을 경계했다.

지금 우리 나라 사람들이 술 마시는 것을 생각해 보면 다른 나라 사람들 못지않게 독음을 하고 있다.

술집이라고 하는 것이 모두 항아리 구멍처럼 작은 들창이며 문은 새끼로 얽어매고는 길 왼쪽으로 난 소각문에다 새끼줄로 발을 늘어뜨리고 쳇바퀴 등롱을 만들어 매달아 놓은 것이 술집이라고 생각하면 된다. 그리고 우리 나라 시인들의 시 가운데 나타난 파란 기는 모두가 사실이 아니었으니, 지금까지 술집 등마루에 나부끼는 깃발 하나를 나는 아직

한 번도 본 일이 없다.

그러나 그들이 마시는 술의 양은 너무 많아 큰 사발에 술을 가득 따라 이맛살을 찌푸려 가며 단숨에 마셔 버린다.

이것은 아무 의미 없이 술을 뱃속에다 부어 넣는 짓이지 마시는 것은 결코 아니며, 배를 불리기 위함이지 취미를 돋우기 위한 것도 결코 아니다.

그래서 그들이 한번 술을 마시게 되면 언제나 취해 버리고, 취하면 대부분 주정을 하게 되며, 나중에는 그것이 싸움으로 발전하여 술집의 항아리와 사발들은 모두 깨지게 마련이다.

이렇게 되고 보면 풍류나 시문의 모임이라는 참된 취지는 온데 간데 없고, 오히려 중국의 술 마시는 법대로 하면 배부를 게 아무것도 없지 않겠느냐고 비난하는 듯한 느낌을 준다.

이제 이런 술집을 압록강 동쪽에다 옮겨 보았자 하루 저녁도 넘기지 못해 그 값진 술잔과 골동품들은 산산조각이 나버릴 테고, 아름다운 화초는 꺾이고 짓밟혀 버릴 테니 실로 아까운 일이 아닐 수 없다.

예를 하나 들어 보면, 내 친구 이주민은 풍류와 시문을 한몸에 지닌 선비로서 한평생 중국을 목마르게 연모했다.

하지만 한 가지, 술을 마실 때 중국의 주법을 좋아하지 않아 술잔의 크기와 술의 분량을 가리지 않고, 손에 닿기만 하면 금방 한 입으로 들이키니, 친구들은 이를 가리켜 '술 엎음' 이라 하기도 하여 익살거리로 삼곤 했다. 그와 이번에 함께 오기로 되었는데, 어떤 사람이,

"그는 주정을 잘 부려 가까이하고 싶지 않습니다."

하고 험담을 했으나, 나는 그와 십 년을 함께 마셨는데도 얼굴이 붉어진다거나 입으로 토해 내는 것을 한 번도 본 적이 없었고 마실수록 더 차분해졌다.

다만 그가 술 엎는 버릇이 좀 나빴을 뿐이다. 그런데 주민은 늘,

"옛날에 두보도 술을 엎곤 했답니다. 그의 시에도 '애야, 이리 오너라. 장중배를 엎어야겠다'라고 했으니 이는 바로 입을 벌린 채 누워 아이들을 시켜 술잔을 입에 엎어 부으라는 것이 아니겠습니까."
라고 증거를 대니 자리를 함께했던 사람들은 고개를 끄덕거리곤 했다. 만리 타향에 오니 갑자기 친구와의 추억이 생각난다. 주민은 오늘 이 시간에도 어느 집 술자리에 앉아 왼손으로 잔을 잡고 만리 타향으로 떠다니는 나를 생각하고 있을지도 모를 일이다.

갈 때 잠깐 들렀던 객관을 다시 가 보았다. 바람벽 위에 걸려 있던 몇 폭의 주련과 좌우에 놓아 둔 생황, 철금 등이 모두 그대로 있으니, 옛 시에,

병주를 바라보니
내 고향이 이 곳이라네.

라고 한 것이 바로 이를 두고 한 말이다.

저녁 식사를 마친 후에 조 주부가 와서 자기 방에 묘한 일이 있다기에 그 곳에 가 보았다. 문앞에는 십여 분의 화초가 놓여 있는데, 그 이름은 다 알 수가 없다.

하얀 유리 항아리가 두 자쯤 높아 보이고 침향으로 만든 가산이 또한 두 자쯤 높아 보였다. 석웅황으로 만든 필산의 높이는 한 자가 넘으며, 청강석 필산은 대추나무로 밑받침을 했는데, 괴강성의 무늬가 자연스럽게 생겼고 발은 감나무로 달았다. 그 값은 모두 화은* 삼십 냥이라고 한다.

또한 기서가 수십 가지 있는데, 〈지부족재총서〉〈격치경원〉 등은 모

* 화은  청나라 때 사용하던 은화의 일종.

두 값비싼 것들이다.

조 군은 이십여 차례나 연경에 간 경험이 있는 만큼 북경을 자기 집처럼 드나들게 되었고, 또한 한어에 가장 능숙할 뿐만 아니라, 물건을 매매하는 데 있어서도 그다지 값을 깎지 않아 단골 손님이 많으며 그가 사용할 방에 그것들을 걸어 놓아 청상에 도움을 주기도 한다.

연전 창성위*가 정사로 왔을 때에 건어호동에 있는 조선관에 불이 났다. 상인들이 가지고 있던 물건은 모두 불에 탔으며 조 군의 방은 더욱 피해가 심했는데, 팔아 버린 물건을 제외하고 불에 탄 것들은 모두 구하기 힘든 골동품과 서책들이었다.

그 가격을 계산해 보았더니 삼천 냥이나 되는 거액이었으며, 이것은 모두 융복사나 유리창에서 옮겨 온 물건들이었다. 단골 손님들은 모두 조군의 방을 빌려서 진열했기 때문에 그 피해를 보상받으려고 하지도 않았으며, 다시 그 방을 꾸며 놓으니 전과 조금도 다름없이 되어 조 군의 마음을 기쁘게 했다. 이것은 중국 풍속의 악착스럽지 않은 한 면이라고 할 수 있겠다.

밤에 태학관에서 쉬었는데, 많은 역관들이 내 방에 모여들었다. 술과 안주가 있었으나, 여행 중이어서 입맛이 전혀 없었다. 사람들은 내 봇짐을 눈여겨보며 저 속에 혹시 먹을 것이 있지 않을까 하는 눈치들이다. 나는 창대를 시켜 여러 사람 앞에서 보를 끌러 보이게 했다. 거기에는 붓과 벼루가 있을 뿐 다른 것은 하나도 없었고 두툼하게 보였던 것은 필담·난초로 만들어 유람할 때 쓴 일기였다. 사람들은 비로소 가벼운 웃음을 지으며,

"나도 궁금하게 생각했소. 갈 때는 아무것도 없었는데 올 때는 짐이 두툼해졌으니 말이오."

---

* 창성위 황인점을 말함.

라고 하자, 장복도 마찬가지로 창대를 향해,

"별상금은 어디다 두었소?"

라고 하며 서운해 못 견디겠다는 듯한 얼굴을 하였다.


## 산장에서

### 밤에 고북구를 나가다

연경에서 열하로 가는 길은, 창평을 돌아 서북쪽으로 가면 거용관에 이르게 되고, 동북쪽으로는 밀운을 거쳐 고북구로 가게 된다.

고북구에서 장성을 따라 동으로 산해관까지 이르는 길은 칠백 리이고, 서쪽으로 거용관까지는 이백팔십 리로, 고북구는 거용관과 산해관의 중간에 위치하여 장성의 지세가 험한 탓으로 방어하는 데는 이만한 곳이 없다.

몽고는 중국 땅으로 드나드는 데 항상 중요한 곳이 되기 때문에, 겹으로 된 관문을 만들어 그 요새를 관리하고 있다.

송나라 학자 나벽의 글에 말하기를,

"연경 북쪽 팔백 리 밖에는 거용관이 있고 관의 동쪽 이백 리 밖에는 호북구가 있는데, 호북구가 곧 고북구이다."

라고 하였는데 당 때부터 이름을 고북구라 해서 중원 사람들은 장성 밖을 모두 구외라고 불렀으며, 구외는 모두 당나라 때 오랑캐의 추장의 근거지였었다.

〈금사〉를 보면,

"그 나라 말로 유알령이 곧 고북구이다."

라고 했으니, 대개 장성을 둘러서 구라고 일컫는 데가 백 곳이 넘는다. 산을 의지해서 성을 쌓았는데 높은 절벽과 깊은 시내는 입을 벌린 듯

구멍을 뚫은 듯이 흐르는 물에 부딪쳐 뚫어지면 성을 쌓을 수 없어 정장*을 만들었다.

명나라 홍무제 때에 외적의 침입을 막는 천호를 두어 오중관을 지키게 했다.

나는 무령산을 돌아 배로 광형하를 건너 밤중에 고북구를 빠져나갔는데 때는 이미 삼경이 되었다. 중관을 나와서 장성 아래 말을 세우고 그 높이를 헤아려 보니 십여 길이나 되었다.

나는 붓과 벼루를 끄집어 내어 술을 부어서 먹을 갈고 성을 어루만지면서 글을 쓰니,

"건륭 45년 경자 8월 7일 밤 삼경에 조선 박지원이 이 곳을 지나다."
하고, 이내 크게 웃으면서,

"나는 선비로서 머리가 희어서야 장성 밖을 한번 나와 보았구나."
하고 말했다.

옛날 몽염은 스스로 말하기를,

"내가 임조로부터 시작하여 요동에 이르기까지 성을 만여 리나 쌓는데, 간혹 지맥을 끊지 않을 수 없었다."
라고 하였으니, 이제 살펴보면 그가 산을 헤치고 골짜기를 메운 것이 사실이었다.

성 아래는 모두 날고 뛰고 치고 베던 싸움터였지만 지금은 사해가 군사를 쓰지 않아 오히려 사방이 산으로 둘러싸여 골짜기마다 오히려 음삼했다.

마침 달이 상현이어서 고개에 걸려 넘어가려고 하는데, 달빛의 싸늘하기가 널카롭게 산 칼날 같았다. 조금 있다가 달이 고개 너머로 더욱 기울어지자 오히려 뾰족한 두 끝이 불빛처럼 붉게 변하면서 횃불 두 개

---

* 정장  변방의 요새에 설치하여 사람의 출입을 검사하는 관문.

가 산 위로부터 솟아나오는 것 같았다.

북두칠성은 반 남아 관문 안에 꽂혔는데, 벌레 소리는 사방에서 들려오고 한 줄기 바람은 고요하며, 숲과 골짜기가 함께 우는 듯하다. 그 짐승 같은 언덕과 귀신 같은 바위들은 창을 세운 듯 날카롭고 방패를 벌여 놓은 것 같다.

또한 큰 물이 산 틈에서 쏟아져 내리는 소리는 마치 군사들이 함성을 지르며 싸우고 말이 뛰고 북을 치는 소리 같다. 하늘에서 학이 우는 소리가 대여섯 번 들리는데, 맑고 긴 것이 피리 소리 같으며 어떤 사람들은 이것을 고니의 소리라 했다.

### 속 · 밤에 고북구를 나가다

우리 나라 선비들은 태어나서 늙고 병들고 죽을 때까지 강역을 떠나지 못했으나, 근세의 선배로서 오직 노가제 김창업과 담헌 홍대용이 중국의 한 모퉁이를 밟았을 뿐이다.

전국 시대 일곱 나라 중 연이 그 하나로, '우공편'(《서경》의 편명)의 구주 가운데 하나인 기주가 이 곳이다. 천하로 본다면 한 구석의 땅이라고 할 수 있지만, 원 · 명을 거쳐 지금의 청에 이르기까지 통일한 천자들이 도읍과 터로 삼아 옛날의 장안이나 낙양과 같다.

소철은 중국 선비이지만, 서울에 이르러 천자의 웅장한 궁궐과 널따란 창름, 부고와 성지, 원유를 우러러보고 나서, 천하가 크고 화려한 것을 알게 된 것을 다행으로 여겼다 한다. 하물며 우리 나라 사람으로서 한 번 그 크고 화려한 것을 보았다니 다행이라 할 수 있다.

그리고 지금 내가 이 여행을 더욱 다행으로 여기는 것은 장성을 나와서 막북에 이른 선배들이 일찍이 없었다는 것이다. 그러나 깊은 밤에 길을 따라 소경같이 행하고 꿈 속같이 지나다 보니 그 산천의 자세한 모습과 뛰어난 경치와 국경 수비의 웅장하고 기이한 것을 두루 보지 못했으니 아타까울 따름이다.

　때는 가을이라 달이 은은하게 비치고, 관내의 양쪽 언덕은 백 길 높이로 깎아 세운 듯한데 길이 그 가운데로 나 있다. 나는 어려서부터 담이 작고 겁이 많아서 낮에라도 빈 방에 들어가거나 밤에 조그만 등불을 만나면 언제나 머리카락이 쭈뼛하고 심장이 뛰는 터인데, 금년 내 나이 마흔네 살이건만 그 무서워하는 것은 어릴 때나 같다.

　이제 밤중에 홀로 만리장성 아래에 섰는데, 달은 기울고 강물은 소리를 내며 흐르며, 바람은 처량하고 반딧불이 날아서 접하는 모든 경치가 놀랍고 두려우며 기이하고 신기하였으나, 홀연히 두려운 마음은 없어지고 기이한 흥취가 발동하여 공산의 초병*이나 북평의 호석*도 나를 놀라게 하지 못했으니, 이는 더욱 다행으로 여길 수 있다.

　안타까운 일은 붓이 가늘고 먹이 말라 글자를 서까래만큼 크게 쓰지 못하고, 또 장성의 고사를 시로 쓰지 못하는 일이다. 그러나 고국으로 돌아가는 날에 동네 사람들이 다투어 술로 위로하며, 또 열하의 여행을 물을 때에는, 이 기록을 내보여서 모두 모여 한번 읽고 책상을 치면서 기이하다고 떠들썩하리라.


## 밤에 하수를 건너다

　하수는 두 산 사이로 흐르며 돌과 맞부딪히며 흐르는데 그 놀란 파도와 성난 물살과 울부짖는 여울과 노한 물결과 슬픈 곡조와 원망하는 소리가 굽이 돌면서 우는 듯 소리치는 듯 으르렁거리며, 숨가쁘게 호령하는 듯 장성을 깨뜨릴 형세이다. 전차 만승과 전기 만대나 전포 만가와 전고 만좌로는 그 거세게 무너뜨리고 내뿜는 소리를 흉내낼 수 없을 것

---

*　초병　오호 제국 중 전진의 3대 군주인 부견이 위급함을 당하자 팔공산의 풀도 적병으로 오해해서 놀랐다는 고사.
*　호석　한나라의 이광이 우북평의 바위를 범으로 보고 활을 쏘았다는 고사.

이다.

모래 위에 큰 돌이 홀연히 떨어져 서 있고, 강 언덕의 버드나무는 어둡고 컴컴하여 물귀신이 다투어 나와서 사람을 놀리고 서로 다투는 듯한데, 좌우의 온갖 이무기들이 붙들려고 애쓰는 듯싶었다. 어떤 사람이 말하기를,

"이 곳이 옛날 전쟁터이므로 강물이 저같이 우는 것이리라."
하지만 이것은 그 때문만이 아니며, 강물 소리를 듣는 사람의 마음에 달렸을 뿐이다.

산중의 내 집 문 앞에는 큰 시내가 있는데 해마다 여름철에 큰 비가 한번 내리면, 시냇물이 갑자기 불어난다. 그래서 항상 거기와 포고의 소리를 듣게 되었으므로 드디어 이제는 귀에 익숙하게 되었다.

내가 일찍이 문을 닫고 누워서 소리 종류를 비교해 보니, 솔숲 부는 바람 소리가 퉁소 소리를 내는 것은 듣는 이가 맑은 탓이요, 산이 찢어지고 언덕이 무너지는 듯한 소리는 듣는 이가 분노한 탓이요, 많은 개구리가 다투어 우는 것은 듣는 이가 교만한 탓이요, 대피리가 수없이 우는 것은 듣는 이가 노한 탓이요, 천둥과 우렛소리로 들리는 것은 듣는 이가 놀란 탓이요, 찬물이 끓는 듯이 문무가 겸한 것은 듣는 이가 아취를 자아내는 탓이요, 거문고가 음률에 맞는 것은 듣는 이가 슬픈 탓이요, 창호지에 바람이 우는 것은 듣는 이가 의혹됨이 많은 탓이니, 모두 바르게 듣지 못하고 특히 마음 속에 품은 뜻을 가지고 귀에 들리는 대로 소리를 만든 것이다.

지금 나는 밤중에 하수를 아홉 번 건넜다. 강은 새외로부터 나와서 장성을 뚫고 유하와 조하·황화·진천 등의 여러 물과 합쳐져 밀운성 밑을 흐르면서 백하가 되었다. 나는 어제 배로 백하를 건넜는데, 이것은 하류였다.

내가 아직 요동에 들어오지 못했을 때는 바야흐로 한여름이었다. 뜨

거운 햇빛 아래를 가노라니 문득 큰 강이 앞에 있는데 붉은 황토 물이 산더미같이 일어나 그 끝을 볼 수 없었다. 이것은 대개 천리 밖에서 폭우가 내린 것이다.

물을 건널 때 사람들이 머리를 위로 쳐드는 것은 하늘을 향해 기도하는 것인 줄 알았는데 나중에 알고 보니, 물을 건너는 사람들이 물이 소용돌이치며 흐르는 것을 보면, 자기 몸이 물을 거슬러올라가는 것 같고, 눈은 강물과 함께 내려가는 것 같아서 갑자기 현기증이 일어나며 물에 빠질 수 있기 때문이다. 그들이 머리를 들고 하늘에 비는 것이 아니라 물을 보지 않으려는 것이다.

또한 어느 틈에 잠깐 동안의 목숨을 위하여 기도할 수 있으랴. 그 위험함이 이와 같으니, 물소리도 듣지 못하고 모두 말하기를,

"요동 들은 평평하고 드넓기 때문에 물소리가 크게 울지 않는 거야."

라고 한다. 그러나 이것은 물을 알지 못해 하는 소리다. 일찍이 요하가 울지 않는 것이 아니라 그것은 특히 밤에 건너 보지 않았기 때문이다. 낮에는 눈으로 물을 볼 수 있으므로 눈은 오로지 위험한 곳만 보느라고 도리어 눈에 보이는 것만을 걱정하는데, 어찌 소리가 들릴 수 있을 것인가?

지금 나는 밤중에 물을 건너는지라 눈으로는 위험한 것을 볼 수 없으니 위험은 오로지 듣는 데만 있기 때문에, 귀에 들리는 것을 무서워하여 걱정을 이기지 못하는 것이다.

아아, 이제야 나는 도를 깨우쳤도다.

마음이 깊고 고요한 자는 보고 듣는 것에 따라 마음의 누가 되지 않고, 눈귀만을 믿는 자는 보고 듣는 것이 더욱 밝아져서 도리어 병이 되는 것이다. 이제 내 마부가 말굽에 발을 채여 뒷수레에 실렸다. 드디어 나는 혼자 고삐를 늦추어 말을 강에 띄우고 무릎을 구부리고 발을 모아 안장 위에 올라앉았다. 한번 떨어지면 강이나 물로 땅을 삼고 물로 옷

을 삼으며, 물로 몸을 삼고 물로 성정을 삼아야 하니, 이제야 내 마음은 한번 떨어질 것을 작정했으므로 내 귓속에 있던 강물 소리가 없어지고 무릇 아홉 번 건너는 데도 걱정이 없이, 의자 위에서 일어났다 앉았다 하며 일상대로 행동하는 것 같았다.

옛날 우는 강을 건너는데, 황룡이 배를 등으로 저어서 매우 위험했으나, 먼저 생사의 판단을 마음 속에 분명하게 하고 보니 용이 되었든 지렁가 되었든, 크거나 작거나가 전혀 문제되지 않았다.

소리와 빛은 외물이니 외물이 항상 귀와 눈에 누가 되어 사람으로 하여금 보고 듣는 것의 바른 모습을 잃게 한다. 하물며 인생을 살아가는 데 있어서의 그 험하고 위태로움은 강물보다 심하며, 보고 듣는 것이 오히려 방해가 될 수도 있다. 나는 산 속으로 돌아가 다시 우리 집 앞으로 흐르는 시냇물 소리를 들으면서 이것을 증험해 보고, 자신만을 위하고 스스로 총명한 것을 자만하는 자에게 경계하게 하려 한다.


### 만국에서 공물을 올리다

건륭 45년 경자년에 황제는 일흔 살의 나이로 남방에서부터 바로 북쪽의 열하에 이르기까지 돌아보았다. 그 해 가을 8월 13일은 곧 황제의 탄신일이다. 황제께서는 특별히 우리 나라 사신을 불러 행재소까지 와서 뜰에 참여하여 하례하도록 했다.

나는 사신을 좇아 장성을 나와 북으로 밤낮없이 달렸다. 길에서 보니 공물을 바치는 수레가 사방에서 모여들어 만 대는 되는 것 같다. 사람들이 지기도 하고, 낙타나 가마에 싣고 가기도 하는데, 그 형세가 풍우와 같다. 그리고 물건 중에서 정교하게 부서지기 쉬운 것들은 들것에 메고 간다고 한다.

수레마다 말이나 노새를 예닐곱 마리씩 끌게 했고, 노새 네 마리가 끌고 가는 가마 위에는 누런 빛의 작은 깃발에 '진공'이라는 글자를 써서 꽂았다. 진공물들의 바깥 포장은 모두 붉은 빛의 담요와 여러 가지 모직 옷감과 대자리나 등자리로 쌌는데, 모두 옥으로 만든 물건들이라 한다. 수레 한 대가 길에 넘어져 다시 고쳐 싣는데, 가죽을 싼 등자리가 조금 떨어진 틈으로 보니, 궤짝은 누런 칠을 했는데 작은 정자 한 칸 만 했다.

가운데는 '자유리보일좌' 라고 썼는데, 보 자 아래와 일 자 위에는 글자가 두서너 자가 더 있어 보였으나 등자리에 가려져서 무슨 글자인지

알 수 없었다. 유리 그릇의 크기가 이 정도이니 다른 여러 수레에 실은 짐은 미루어 짐작할 수 있었다.

그새 날이 벌써 저물자 수레들은 길을 다투듯 더욱 재촉해 달리는데, 횃불이 마주 비치고 방울 소리가 땅을 진동시켰다. 채찍 소리가 벌판을 진동하는 가운데 범과 표범을 집어넣은 우리를 실은 수레가 십여 대나 되었다. 그 우리는 모두 창문이 있고 범 한 마리를 넣을 만큼의 크기로 만들어졌다. 범들은 모두 목을 쇠사슬로 매었고 눈빛이 붉으락 푸르락 했다. 바닥에 뒹굴고 있는 몸뚱이는 늑대 같았으며, 키가 작고 텁수룩한 털과 꼬리는 삽살개 같았다. 이 밖에 곰, 여우, 사슴 등은 이루 다 기록할 수 없었다.

사슴 중에도 붉은 굴레를 씌워서 말을 몰듯이 몰고 가는 사슴은 길들인 사슴이다. 악라사 개는 키가 거의 말만하고, 온몸의 뼈가 가늘고 털이 짧아 날씬한 것이 우뚝 서면 여윈 정강이가 학같이 보이고, 꼬리는 뱀같이 움직이며, 허리와 배는 가느다랗고, 귀로부터 주둥이까지는 한 자쯤 되었다. 이것이 모두 입인데 범이나 표범도 물어 죽인다고 한다. 그리고 큰 닭이 있는데, 모양은 낙타와 같고 키는 서너 자나 되며, 발은 낙타의 발같이 되어 날개를 치면서 하루 삼백 리는 간다고 하는데, 이것의 이름은 타계라 한다.

낮에 보았던 것들은 모두 이런 종류들이었다. 그러나 상하가 모두 길 가기에 바빠서 무심코 지나가다가, 날이 저물자 마침 하인들 중에 표범 우는 소리를 들은 자가 있었다. 부사와 서장관과 함께 범을 실은 수레를 가서 구경했다. 그제야 비로소 수없이 지나쳐 보낸 수많은 수레들이 비단 옥으로 만든 그릇이나 보물뿐만 아니라, 역시 사해 여러 나라의 많은 기이한 새와 짐승임을 알았다.

연극 구경을 할 때에 아주 작은 말 두 마리가 산호수를 싣고 한 누각으로부터 나왔다. 말의 크기는 겨우 두 자이며 몸빛은 황백색인데, 갈

기머리는 땅에 끌리고 울고 뛰고 달리는 것이 준마의 체통을 갖추었다. 산호수의 가지는 엉성했는데 그 크기는 말보다 컸다. 아침에 행재소 문밖으로부터 혼자 걸어서 여관으로 돌아오다가 보니, 한 부인이 태평거를 타고 가는데 얼굴에는 분을 짙게 바르고 수놓은 비단옷을 입고 있었다. 수레 옆에는 한 사람이 맨발로 채찍을 휘두르면서 수레를 모는데 몹시 빨랐다. 그 사람의 머리카락은 짧아 어깨를 덮었고, 머리카락 끝은 모두 말려 들어가 양털처럼 되었으며, 금고리로 이마를 둘렀다. 얼굴은 붉고 살찌고 눈은 고양이처럼 둥글었다.

수레를 따르면서 구경하는 사람들로 북새통을 이루어 먼지가 자욱하게 일어났다. 처음에는 수레를 모는 자의 모양이 이상하여 미처 수레 속에 있는 부인의 모습을 살펴보지 못했는데, 다시 한 번 자세히 들여다보니 이는 부인이 아니라 사람 형상을 한 짐승이었다. 털로 덮힌 손은 원숭이처럼 생겼고, 손에 든 물건은 접는 부채 같은 것인데 잠깐 보건대 얼굴은 아주 예쁜 것 같았다. 그러나 자세히 살펴보면 늙은 할멈 같고 요괴스럽고 사납게 생겼으며 키는 겨우 두 자 남짓한데, 수레의 휘장을 걷어 올려서 좌우를 둘러보는 눈이 잠자리 눈같이 보였다. 대체로 이것들은 남방에서 나는 것으로 능히 사람의 뜻을 안다고 한다. 어떤 사람들은 말하기를,

"이것은 산도*이다."

라고 한다.

### 속 · 만국에서 공물을 올리다

내가 몽고 사람 박명에게 이것이 무슨 짐승이냐고 물었다. 박명은 말하기를,

---

＊산도  원숭이의 일종.

"옛날에 장군 풍승액을 따라 옥문관을 지나서 돈황으로부터 사천 리 떨어진 골짜기에 이르러서 자는데, 아침에 일어나 보니 장막 속에 두었던 목갑과 가죽 상자가 없어졌다고 합니다. 당시 같이 간 막려들이 상황을 알아보니 잃은 것이 분명했답니다. 사람들이 말하기를, '이것은 야파가 도둑질해 간 것이다.' 하므로 군사를 내어 야파를 포위했더니 모두들 나무를 타는데, 그 빠르기가 나는 원숭이 같았다고 합니다. 그러나 야파는 형세가 궁하여 슬피 울면서 잡히는 대신 모두 나뭇가지에 목을 매어 죽었습니다. 이래서 잃었던 물건을 모두 찾았는데 상자나 목갑은 잠가 놓은 그대로였고, 잠근 것을 열고 보니 속에 기물들도 역시 그대로 있었다고 합니다. 상자 속에는 붉은 분과 목걸이와 머리에 꽂는 패물들을 많이 넣어 두었고, 아름다운 거울도 있었으며 또 침선과 가위와 자까지 있었는데, 야파는 대개 짐승으로 여자를 본떠 치장하는 것으로 스스로 즐거움을 삼았다고 합니다."

한다.

유세기가 나에게 막북의 기이한 구경거리를 묻기에 타계에 대해 말했더니, 유세기는 하례하며 말하기를,

"이것은 먼 서쪽 지방에 사는 기이한 새로서 중국 사람들도 말만 들었을 뿐 그 형상을 보지 못했는데, 공은 외국 사람으로서 그것을 보았군요."

한다.

산도에 대해 말했으나 이것을 보았다는 사람이 없었다.

내가 열하에서 돌아올 때에 청하에 이르러 거리에서 난쟁이 한 사람을 보았는데, 키는 겨우 두 자 남짓하고 배는 크기가 북만하여 불쑥 튀어나온 것이 그림에 있는 포대화상* 같았다. 입과 눈은 모두 밑으로 처

* 포대화상  불교에서 말하는 일곱 복신 중의 하나.

졌고, 팔뚝과 다리도 없이 손발이 몸뚱이에 그대로 달렸으며, 담배를 물고 뽐내며 가는데, 손을 펴고 흔들면서 춤을 추었다. 머리를 깎지 않고 뒤통수에 상투를 했는데, 선도건을 걸쳤으며, 사람을 보면 크게 웃었다. 베로 만든 도포에 소매가 넓고 배는 모두 드러내 놓고 있었는데 모양이 옹졸하게 생긴 것이 그 모습의 기괴함이란 말로 다할 수 없으니, 조물주는 장난을 퍽 좋아하는 모양이다.

내가 이것을 유세기에게 이야기했더니, 유세기와 그 밖의 여러 사람들은 모두 말하기를,

"그의 이름은 천생이물인으로서, 사람을 자라처럼 꾸며서 놀이를 하는 것인데 지금 거리에서는 이런 것을 많이 볼 수 있습니다."

라고 한다.

열하에 있을 때 내 평생에 괴이한 구경을 많이 하였으나 그 이름조차 모르는 것이 많고, 글로는 능히 나타낼 수 없어서 많은 것을 빼놓고 기록하지 못하였으니 안타까운 일이다.


## 코끼리

앞으로 기이하며 괴상스럽고 특별히 우습고 거대한 것을 구경하려면 먼저 선무문 안에 있는 코끼리 사육소에 가봐야 할 것이다.

내가 황성, 즉 북경에서 코끼리를 본 것이 열여섯 마리인데 모두 쇠사슬로 발을 묶어 놓아서 코끼리가 움직이는 모양은 보지 못했다. 그런데 여기서는 코끼리 두 마리를 열하 행궁 서쪽에서 보았다. 온몸을 꿈틀거리면서 걸어가는 것이 비바람을 움직이듯 하였다.

언젠가 내가 동해에 갔을 때 파도 위에 말처럼 우뚝우뚝 솟은 것이 수없이 많았는데, 둥그스름한 지붕 같아서 물고기인지 짐승인지 분간할 수가 없었다. 해가 돋기를 기다려 그것을 자세히 보려고 하였으나, 해가 막 뜨려고 하자 그것들은 바다 속으로 들어가 버렸었다.

이번에 코끼리를 십 보 밖에서 보니 그 때 동해에서 보았던 것과 비슷하게 생겼다. 몽뚱이는 소 같고, 꼬리는 나귀와 같으며, 낙타 무릎에, 호랑이 발톱에, 털은 짧고 몸은 회색이며 성질은 어질게 보이고, 가끔 구슬픈 소리를 냈다. 귀는 구름 모양이었으며, 눈은 초승달 같았고, 두 어금니는 크기가 두 아름은 되는데, 길이는 한 길이 넘으며, 코는 어금니보다 길어서 구부리고 펴는 것이 자벌레 같았다. 코를 말고 구부리는 모양이 굼벵이 같으며, 코 끝은 누에 꼬리 같은데 물건을 여기에 끼워 족집게같이 두르르 말아 입에 집어넣는다.

때로는 코를 입부리로 생각하는 사람들이 있어 다시 코 있는 데를 찾아보기도 하였는데, 대부분의 사람들이 코끼리의 코 생긴 모양이 이럴 줄이야 누가 짐작이라도 하겠는가?

어떤 사람은 코끼리 다리가 다섯이라고도 하고, 또 어떤 사람은 눈이 쥐눈 같다고 하는데 이것은 대개 코끼리를 볼 때는 코와 어금니 사이만을 자세하게 보아서, 그 몸뚱이를 통틀어서 제일 작은 놈을 보면 이렇게 엉뚱한 비유가 생길 수도 있다.

대체로 코끼리는 눈이 몹시 가늘어서 간사한 사람이 아첨을 부리는 눈 같으니 그의 어진 성품은 역시 이 눈에 있는 것이다.

강희 시대에 남해자*에 사나운 범 두 마리가 있었는데, 오랫동안 그 범의 성질을 순하게 할 수 없자 황제가 노하여 범을 코끼리 우리로 몰아넣게 했다. 그랬더니 코끼리가 몹시 겁을 먹고 코를 한번 휘두르자 범 두 마리가 그 자리에서 넘어져 죽었다고 한다. 코끼리가 범을 죽이고 싶어서 한 것이 아니라 범의 냄새를 싫어하여 코를 휘두른 것이 잘못 부딪혔던 것이다.

대체 코끼리는 오히려 눈에 보이는 것인데도 그 이치를 알지 못함이

---

* 남해자 북경 숭문문 남쪽에 있는 산.

이와 같거늘 하물며 천하 만물이 코끼리보다도 수만 배나 복잡할 것은 당연하지 않은가. 그러므로 성인이 〈역경〉을 지을 때 코끼리 상(象)자를 따서 지은 것도 만물이 변하는 이치를 파고들게 하려는 뜻에서이다.

## 등놀이

황제가 동산 동쪽에 있는 별전으로 행차하는데 천여 명 관리들이 피서 산장을 나와서 모두 말을 타고 궁궐의 담장을 따라 오 리를 더 가서 원문으로 들어갔다.

양쪽에는 불탑이 있어 높이가 예닐곱 길이요, 불당과 패루가 몇 리를 뻗쳤으며, 전각 앞에는 누런 장막이 하늘에 닿을 듯하다. 장막 앞에는 모두 흰 천막을 겹겹이 둘러쳤고, 수천 개의 채색 등불이 걸려 있다. 앞에는 붉은빛 궐문이 세 군데나 있는데, 높이가 모두 아홉 길은 되었다.

풍악을 울리고 놀이가 베풀어지자 해는 이미 저물어 누런 빛의 큰 상자를 붉은 궐문에 다니, 갑자기 상자 밑으로부터 북만한 크기의 등불 하나가 떨어졌다. 등불은 노끈에 이어져서 그 끝에서는 문득 저절로 불이 붙어 탄다. 노끈을 따라 타올라가서 상자 밑에 닿으니 상자 밑으로부터 또 한 개의 둥근 등불이 매달리고 노끈에 붙은 불은 그 등불을 태워 땅에 떨어뜨린다.

상자 속으로부터 또 쇠로 만든 바구니 모양의 주렴이 드리워지는데, 주렴 표면에는 모두 전자로 수(壽)·복(福) 글자가 써 있고 불은 글자에 붙어 새파란 불꽃을 일으키며 한동안 타다가 수·복자에 붙은 불은 스스로 꺼져 땅에 떨어진다. 또 상자 속으로부터 연주등 백여 줄이 내려지는데 한 줄에 사오십 등이 배열되고 등불 속은 차례로 저절로 타면서 일시에 환하게 밝았다.

또 천여 명의 미모의 남자들이 있어 수염은 없고 비단 도포에 수놓은 비단 모자를 쓰고, 각각 정(丁)자 모양의 지팡이를 들고 양쪽 끝에 조그만 붉은 등불을 달고, 나갔다 물러섰다 돌기도 하면서 군대의 진 모양을 하더니, 홀연 삼좌 오산으로 변했다가 갑자기 변해서 누각이 되고, 또 갑자기 네모진 모양으로 변한다.

이미 황혼이 되자 등불 빛은 더욱 밝아지는 듯하더니 갑자기 만년춘이란 세 자로 변했다가 또 갑자기 천하태평의 네 글자로도 변하고 홀연히 또 변하더니 두 마리 용이 되었다. 그러고는 비늘과 뿔과 발톱과 꼬리가 공중에서 꿈틀거린다. 순식간에 변하고 떨어졌다 붙었다 하되 조금도 어긋남이 없고 글자 획이 뚜렷하니, 다만 수천 명의 발자국 소리만 들릴 뿐이었다. 이것은 잠시 동안의 놀이지만 그 기율은 이처럼 대단하고 엄했다.

더욱이 이 법으로 군대의 진영을 통솔한다면 천하에 누가 감히 쉽게 생각할 것이랴? 그러나 천하 통제는 덕에 있는 것이요, 법에 있는 것이 아니거늘 하물며 놀이로 천하에 보여 주고 있으니 이는 더 말할 필요가 없다.

### 매화포놀이

날이 이미 황혼이 되자 대포가 동산 가운데에서 나오는데, 소리는 천지를 진동시키고 매화꽃이 사방으로 흩어져 마치 숯불을 부채질하면 불꽃이 화살처럼 튕겨 흐르듯 했다.

불꽃 모양을 한 새와 짐승과 벌레와 고기가 날아가고 뛰놀고 꿈틀거리는 것이 모두 갖가지 자기의 모양을 갖추었는데, 새는 혹 날개를 벌리기도 하고, 또는 입부리로 깃을 문지르기도 하며, 발톱으로 눈을 비집기도 하고, 벌과 나비를 쫓기도 하며, 꽃과 과실을 쪼아먹기도 한다.

그 짐승은 모두 뛰놀고 달리며 입을 움직이고 꼬리를 펴서, 천태만상의 꽃불이 갖가지 모양으로 날아가서 허공에 솟구쳤다가 부서져서 꺼지곤 한다.

대포 소리는 더욱 커지고, 불빛은 더욱 밝아지면서 백 신선과 일만 부처가 날아 올라가 뗏목을 타기도 하고, 연잎배를 타며, 또는 고래와 학을 타기도 하고, 호로병을 높이 들고, 보검을 차며, 도사의 지팡이를 날리듯, 맨발로 갈대를 밟기도 하며, 손으로 범의 이마를 어루만지면서 허공에 떠서 서서히 흘러가지 않는 것이 없으니 눈으로 다 볼 틈도 없이 번득번득한 섬광에 눈이 어른거렸다. 정사가 말하기를,

"매화포가 좌우로 벌여 있는 것을 보게. 그 통이 크거나 혹은 작아서 긴 놈은 서너 길이 되고, 짧은 놈은 서너 자가 되어 우리 나라 삼혈총 같이 만들었고, 불꽃이 허공에서 가로퍼지는 것이 우리 나라 신기전과 같네그려."

한다. 불이 다 꺼지기 전에 황제는 일어나 반선을 돌아다보고 몇 마디 이야기를 하고는 가마를 타고 안으로 들어갔다. 때는 바야흐로 어두웠는데, 앞에서 인도하는 등불이 하나도 없었다.

대체로 여든한 가지 놀이의 매화포 불꽃놀이로써 그것을 끝맺는데, 이것을 구구대경회라고 불렀다.

# 부록

# 작가와 작품 스터디

## ● 박지원 (1737~1805)

 박지원은 조선 영조 때의 실학자이자 소설가로, 호는 연암이다. 30세 때부터 실학자 홍대용과 사귀고 서양의 신학문에 접하였다.

정조 1년(1777) 홍국영에 의해 벽파로 몰려 신변의 위협을 느끼자, 박지원은 황해도 금천의 연암협으로 이사하여 한동안 독서에 전념했다. 3년 뒤 친족형인 박명원이 진하사 겸 사은사가 되어 청나라에 갈 때 동행했다. 이 곳에서 청나라의 생활과 기술을 눈여겨보고 귀국하여 기행문 〈열하일기〉를 썼다. 이 책에서 그는 청나라의 문화를 소개하는 한편, 당시 조선의 정치·경제·사회·문화 등 각 방면에 걸쳐 비판과 개혁을 논하였다.

이후 박지원은 선공감감역을 비롯하여, 사복시 주부, 의금부 도사, 안의현감, 면천 군수, 양양 부사 등의 벼슬을 두루 거치다가 1801년에 모든 관직에서 물러났다. 그는 관직에 있는 동안 북학파의 우두머리가 되어 홍대용, 박제가 등과 함께 이용 후생의 실학을 강조했는데, 북학파란 청나라의 발달된 문물을 배워야 한다고 주장했던 무리를 가리켜 말한다.

한편 박지원은 기발하고도 자유로운 문체를 구사하여 〈허생전〉, 〈양반전〉, 〈호질〉, 〈마장전〉, 〈예덕 선생전〉, 〈민웅전〉 등의 한문 소설을 발표하기도 했다. 이러한 작품들 속에서 그는 당시 양반의 타락된 모습을 고발하고, 다가올 사회를 이끌어갈 새로운 인간상을 만들어 냄으로써 많은 파문과 영향을 끼쳤다.

1801년 신유박해 사건을 계기로 실학자들의 공개적 활동이 엄격하게 금지되자, 그는 벼슬길에서 물러나 저술을 계속하다가 1805년 69세에 세상을 떠났다.

● **열하일기**  〈열하일기〉는 박지원이 정조 4년(1780)에 청나라 건륭제의 칠순 생일 축하 사절단으로 참가해 연경과 열하를 구경하고 그 견문을 기록한 견문록이다. 규장각에서 소장하고 있는 이 책은 모두 26권 10책으로 되어 있다.

내용을 보면, 1780년 6월 24일 압록강 국경을 건너는 이야기에서부터 시작하여 요동, 성경, 산하이관을 거쳐 베이징에 도착했다가, 열하로 가서 8월 20일 다시 베이징에 돌아오기까지의 약 2개월 동안 겪은 일이 날짜의 순서에 따라 기록되어 있다.

이 책에는 중국의 역사는 물론이고, 지리, 풍속, 습상, 토목, 건축, 선박, 의학, 인물, 정치, 경제, 사회, 문화, 종교, 문학, 예술, 천문, 병사 등 수록되지 않은 분야가 없을 만큼 광범위한 분야에 걸쳐 기술되어 있다. 또, 이를 단순히 묘사한 데 그치지 않고 어떻게 하면 실용적으로 이용하여 백성들의 삶을 편안하게 할 수 있을지에 중점을 두고 있는 것이 특징이다.

그 밖에도 인간에 대한 따뜻한 정감을 가지고 애정어린 시선으로 묘사한 다양한 인간들의 모습은 읽는 이로 하여금 재미를 더하게 하며, 풍부하면서도 번잡하지 않고 간결하면서도 엉성하지 않은 문장은, 수많은 연행록(조선 시대에 사신이나 그 수행원이 중국을 다녀와서 보고 느낀 것을 쓴 기행문) 중에서도 〈열하일기〉를 단연 으뜸으로 꼽기에 주저함이 없도록 만든다.

〈열하일기〉의 대략적인 내용을 살펴보면, 권2는 십리하에서 소흑산까지 닷새 동안의 기록으로, 흥미 있는 내용이 많이 실려 있다. 권3은 신광녕에서 산하이관까지 9일간의 기록으로, 그 서문 중의 이용 후생에 관한 논술이 독특하다. 또, 권13에는 홍인사에서 이마두총에 이르는 20개의 명소를 두루 구경한 기록이 실려 있으며, 권16은 청나라 황제의 행재소에서의 자세한 견문록이다. 여기서 특히 청나라의 친선 정책의 이유를 밝히고 있다. 권25에는 광피사 표패루 아래서 중국 요술쟁이의 여러 가지 연기를 구경한 소감이 적혀 있다.

# 논술 가이드

'6월 28일' 기록의 한 대목입니다. 제시문을 읽고 다음 문제에 답하시오.
[문항 1]

---

한의 낙랑군 관아가 평양에 있었다고 하는데 이것은 지금의 평양이 아니라 요동의 평양을 말하는 것이다. 그 뒤 승국 시대(왕씨 고려)에 와서는 요동과 발해가 전부 글안에 흡수됨으로써 겨우 자비령과 철령을 경계로 삼았으니 선춘령과 압록강은 버려둔 채 돌보지 못했으니 그 밖의 땅이야 한 발자취인들 볼 수 있었겠는가.

고려는 안으로 삼국을 합병하기는 했지만 그의 강토와 무력은 고구려의 고씨의 강성함에는 미치지 못하였다. 후세의 옹졸한 선비들은 평양의 옛 이름만 그리워하여 중국의 사전만 믿고,

"이 곳은 패수(대동강)고 저 곳은 평양이다."

라고 하지만, 이것은 벌써 사실과 어긋난 것임을 알 수 있다. 이 성이 어찌 안시성인지 또는 봉화성인지 무엇으로 분간할 수 있단 말인가.

---

(1) 한때 만주 벌판까지 세력을 뻗쳤던 고구려와 발해에 대해 언급되어 있는 윗글을 읽으면서 느껴지는 감상을 자유롭게 적어 봅시다.

---

(2) 서적이나 인터넷을 통해 고구려와 발해의 역사를 조사해 간추려 봅시다.

---

7월 2일 기록의 한 대목입니다. 제시문을 읽고 다음 문제에 답하시오.
[문항 2]

---

오후에는 밖으로 나가 바람을 쏘였다. 그 때 수수밭에서 총 소리가 나자, 주인이 급히 뛰어간다. 내가 따라나가 보았더니 밭 속에서 한 남자가 손에는 총을 들고 또 한 손에는 돼지 뒷다리를 끌고 오더니 주인을 흘겨보며,

"왜 돼지를 풀어 놓아 남의 밭에 들여보내는 거요?"

하고 화가 나서 외친다. 그러자 주인은 그저 미안하여 공손히 사과할 따름이다. 그러자 사나이는 피가 뚝뚝 흐르는 돼지를 끌고 가버렸다. 주인이 못내 섭섭한 듯 그 자리에 우두커니 서서 한탄만 거듭 하기에 내가,

"저 사람이 끌고 간 돼지가 뉘 집서 먹였던 돼지인가요?"

했더니 주인은,

"우리 집에서 기르던 것입니다."

라고 한다.

---

(1) 위 이야기에서 수수밭의 주인이 어째서 남의 돼지를 끌고 가버렸는지, 그 이유를 찾아 써 봅시다.

------------------------------------------------

------------------------------------------------

(2) 가축 단속에 대한 당시 청나라의 법률 제도는 과연 공정한 것일까요? 만약 그렇지 않다고 생각한다면, 그 이유를 밝히고 가장 공정한 판결 방법에 대해 생각해 봅시다.

------------------------------------------------

------------------------------------------------

------------------------------------------------

8월 17일 기록의 한 대목입니다. 제시문을 읽고 다음 문제에 답하시오.

[문항 3]

> 그 곳에 중 두 사람이 머물고 있는데, 난간 밑에서 오미자 두어 섬 정도를 말리고 있었다. 내가 무심코 낟알 두어 개를 집어서 입 안에 넣었더니, 중 하나가 이것을 보고 갑자기 화를 내며 눈알을 부라린 채 호통을 치는데, 그의 행동이 참으로 험상궂어 보였다. 나는 그냥 일어나서 난간가로 비켜섰다. 때마침 마두 춘택이 담뱃불을 얻으려고 들어오다가, 이 광경을 목격하고 노발대발하는 모습으로 달려들며,
>
> "(중략) 황제께옵서 만약에 이 일을 아시게 된다면 너 따위 까까중놈의 대갈통을 당장 부숴 버릴 거다. 그 때 우리 영감께옵서 이 사실을 황제께 말씀드린다면, 너희 놈들이 우리 영감님을 두려워하지 않는다지만 그 때 황제도 두렵지 않단 말이냐?"
>
> (중략) 아마 이 때 황제의 두 귀가 근질근질하지 않았나 여겨진다.

(1) 윗대목에서 오미자를 먹은 박지원에게 중이 화를 낸 진짜 이유는 무엇 때문이었으며, 이 일로 박지원이 깨달은 바는 무엇이었나요?

-----------------------------------------------------------------

-----------------------------------------------------------------

(2) 윗글을 통해 마두 춘택의 충성심과 더불어 그의 유쾌한 허풍을 엿볼 수 있습니다. 춘택의 모습이 현대의 많은 사람들과 비슷하다고 생각되지 않나요? 여러분도 주변에서 춘택과 같은 사람을 본 적이 있는지 떠올려 봅시다.

-----------------------------------------------------------------

-----------------------------------------------------------------

-----------------------------------------------------------------

'8월 11일' 기록의 한 대목입니다. 제시문을 읽고 다음 문제에 답하시오.

[문항 4]

> 심부름꾼이 술을 데우려 하기에 내가,
> "데우면 안 돼. 찬 것을 그대로 가져오너라."
> 라고 하자, 술집 사동이 웃으면서 술을 가져오더니 작은 잔 둘을 탁자 위에
> 올려 놓는다. 그래서 나는 담뱃대로 그 잔을 모두 쓸어 엎어 버리고,
> "커다란 술종지를 가져와."
> 하고 외쳤다. 그리하여 큰 술잔에 부어서 단번에 모조리 마셔 버렸다. (중략)
> 중국은 술 마시는 법도가 몹시 엄격하여 한여름에도 반드시 데워서 먹을 뿐
> 아니라 심지어 소주 종류까지도 끓여서 먹는다. 술잔은 은행 알만큼 작은데
> 도 뜨겁게 데워서 탁자 위에 올려 놓고는 조금씩 마시지, 한꺼번에 다 마셔
> 버리는 법은 좀처럼 없다.

(1) 윗글은 저자의 인간적인 면이 엿보이는 재미있는 일화입니다. 저자가 주
막에 들어가 위와 같은 행동을 한 이유가 무엇인지 이야기해 봅시다.

-------------------------------------------------

-------------------------------------------------

(2) 〈열하일기〉를 통해 옛 사람의 기록이 오늘을 사는 우리에게 무엇을 알려
줄 수 있는지 생각해 봅시다. 또, 이 작품을 읽고 여러분도 앞으로 기행문이나
일기를 쓸 때 어떻게 쓰면 좋을 것이라고 생각한 바가 있다면 적어 봅시다.

-------------------------------------------------

-------------------------------------------------

-------------------------------------------------

# 〈베스트논술 한국대표문학〉(전60권) 목록

| 권별 | 작품 | 작가 |
|---|---|---|
| 1 | 무정 I | 이광수 |
| 2 | 무정 II | 이광수 |
| 3 | 무명 · 꿈 · 옥수수 · 할멈 | 이광수 |
| 4 | 감자 · 시골 황 서방 · 광화사 · 붉은 산 · 김연실전 외 | 김동인 |
| 5 | 발가락이 닮았다 · 왕부의 낙조 · 전제자 · 명문 외 | 김동인 |
| 6 | 배따라기 · 약한 자의 슬픔 · 광염 소나타 외 | 김동인 |
| 7 | B사감과 러브레터 · 서투른 도적 · 술 권하는 사회 · 빈처 외 | 현진건 |
| 8 | 운수 좋은 날 · 까막잡기 · 연애의 청산 · 정조와 약가 외 | 현진건 |
| 9 | 벙어리 삼룡이 · 뽕 · 젊은이의 시절 · 행랑 자식 외 | 나도향 |
| 10 | 물레방아 · 꿈 · 계집 하인 · 별을 안거든 우지나 말 걸 외 | 나도향 |
| 11 | 상록수 I | 심훈 |
| 12 | 상록수 II | 심훈 |
| 13 | 탈춤 · 황공의 최후 / 적빈 · 꺼래이 · 혼명에서 외 | 심훈 / 백신애 |
| 14 | 태평 천하 | 채만식 |
| 15 | 레디메이드 인생 · 순공 있는 일요일 · 쑥국새 외 | 채만식 |
| 16 | 명일 · 미스터 방 · 민족의 죄인 · 병이 낫거든 외 | 채만식 |
| 17 | 동백꽃 · 산골 나그네 · 노다지 · 총각과 맹꽁이 외 | 김유정 |
| 18 | 금 따는 콩밭 · 봄봄 · 따라지 · 소낙비 · 만무방 외 | 김유정 |
| 19 | 백치 아다다 · 마부 · 병풍에 그린 닭이 · 신기루 외 | 계용묵 |
| 20 | 표본실의 청개구리 · 두 파산 · 이사 외 / 모범 경작생 | 염상섭 / 박영준 |
| 21 | 탈출기 · 홍염 · 고국 · 그믐밤 · 폭군 · 박돌의 죽음 외 | 최서해 |
| 22 | 메밀꽃 필 무렵 · 낙엽기 · 돈 · 석류 · 들 · 수탉 외 | 이효석 |
| 23 | 분녀 · 개살구 · 산 · 오리온과 능금 · 가을과 산양 외 | 이효석 |
| 24 | 무녀도 · 역마 · 까치 소리 · 화랑의 후예 · 등신불 외 | 김동리 |
| 25 | 하수도 공사 / 지맥 / 그 날의 햇빛은 · 갈가마귀 그 소리 | 박화성 / 최정희 / 손소희 |
| 26 | 지하촌 · 소금 · 원고료 이백 원 외 / 경희 | 강경애 / 나혜석 |
| 27 | 제3인간형 / 제일과 제일장 외 / 사랑 손님과 어머니 외 | 안수길 / 이무영 / 주요섭 |
| 28 | 날개 · 오감도 · 지주 회시 · 환시기 · 실화 · 권태 외 | 이상 |
| 29 | 봉별기 · 종생기 · 조춘점묘 · 지도의 암실 · 추등잡필 | 이상 |
| 30 | 화수분 외 / 김 강사와 T교수 · 창랑 정기 / 성황당 | 전영택 / 유진오 / 정비석 |

| 권별 | 작품 | 작가 |
|---|---|---|
| 31 | 민촌 / 해방 전후 · 달밤 외 / 과도기 · 강아지 | 이기영 / 이태준 / 한설야 |
| 32 | 소설가 구보씨의 일일 / 장삼이사 · 비오는 길 / 석공 조합 대표 / 낙동강 · 농촌 사람들 · 저기압 | 박태원 / 최명익 송영 / 조명희 |
| 33 | 모래톱 이야기 · 사하촌 외 / 갯마을 / 혈맥 / 전황당인보기 | 김정한 / 오영수 / 김영수 / 정한숙 |
| 34 | 바비도 외 / 요한 시집 / 젊은 느티나무 외 / 실비명 외 | 김성한 / 장용학 / 강신재 / 김이석 |
| 35 | 잉여 인간 / 불꽃 / 꺼삐딴 리 · 사수 / 연기된 재판 | 손창섭 / 선우휘 / 전광용 / 유주현 |
| 36 | 탈향 외 / 수난 이대 외 / 유예 / 오발탄 외 / 4월의 끝 | 이호철/ 하근찬/ 오상원/ 이범선/ 한수산 |
| 37 | 총독의 소리 / 유형의 땅 / 세례 요한의 돌 | 최인훈 / 조정래 / 정을병 |
| 38 | 어둠의 혼 / 개미귀신 / 무진 기행 · 서울 1964년 겨울 외 | 김원일 / 이외수 / 김승옥 |
| 39 | 뫼비우스의 띠 / 악령 / 식구 관촌 수필 / 기억 속의 들꽃 / 젊은 날의 초상 | 조세희 / 김주영 / 박범신 이문구 / 윤흥길 / 이문열 |
| 40 | 김소월 시집 | 김소월 |
| 41 | 윤동주 시집 | 윤동주 |
| 42 | 한용운 시집 | 한용운 |
| 43 | 한국 고전 시가와 수필 | 유리왕 외 |
| 44 | 한국 대표 수필선 | 김진섭 외 |
| 45 | 한국 대표 시조선 | 이규보 외 |
| 46 | 한국 대표 시선 | 최남선 외 |
| 47 | 혈의 누 · 모란봉 | 이인직 |
| 48 | 귀의 성 | 이인직 |
| 49 | 금수 회의록 · 공진회 / 추월색 | 안국선 / 최찬식 |
| 50 | 자유종 · 구마검 / 애국부인전 / 꿈하늘 | 이해조 / 장지연 / 신채호 |
| 51 | 삼국유사 | 일연 |
| 52 | 금오신화 / 홍길동전 / 임진록 | 김시습 / 허균 / 작자 미상 |
| 53 | 인현왕후전 / 계축일기 | 작자 미상 |
| 54 | 난중일기 | 이순신 |
| 55 | 흥부전 / 장화홍련전 / 토끼전 / 배비장전 | 작자 미상 |
| 56 | 춘향전 / 심청전 / 박씨전 | 작자 미상 |
| 57 | 구운몽 · 사씨 남정기 | 김만중 |
| 58 | 한중록 | 혜경궁 홍씨 |
| 59 | 열하일기 | 박지원 |
| 60 | 목민심서 | 정약용 |

# 〈베스트 논술 한국대표문학〉에 실린 소설과 교과서 대조표

\* 〈베스트 논술 한국대표문학〉에 실린 소설과 현행 국어·문학 18종 교과서의 수록 내용을 비교·분석하였다.

## ● 초등 학교 교과서(국어)

> 금오신화, 구운몽, 심청전,
> 흥부전, 토끼전, 박씨전,
> 장화홍련전, 홍길동전

## ● 국정 교과서

| 작품 | 작가 | 교과목 |
|---|---|---|
| 고향 | 현진건 | 고등 학교 문법 |
| 동백꽃 | 김유정 | 중학교 국어 2-1, 중학교 국어 3-1 |
| 벙어리 삼룡이 | 나도향 | 중학교 국어 1-1 |
| 봄봄 | 김유정 | 고등 학교 국어(상) |
| 사랑 손님과 어머니 | 주요섭 | 중학교 국어 2-1 |
| 오발탄 | 이범선 | 중학교 국어 3-1 |
| 운수 좋은 날 | 현진건 | 중학교 국어 3-1 |

## ● 고등 학교 문학 교과서

| 작품 | 작품 | 출판사 |
|---|---|---|
| 감자 | 김동인 | 교학, 지학, 디딤돌, 상문 |
| 갯마을 | 오영수 | 문원, 형설 |
| 고향 | 현진건 | 두산, 지학, 청문, 중앙, 교학, 문원, 민중, 블랙, 디딤돌 |
| 관촌 수필 | 이문구 | 지학, 문원, 블랙 |
| 광염 소나타 | 김동인 | 천재, 태성 |

| 금 따는 콩밭 | 김유정 | 중앙 |
|---|---|---|
| 금수회의록 | 안국선 | 지학, 문원, 블랙, 교학, 대한, 태성, 청문, 디딤돌 |
| 김 강사와 T교수 | 유진오 | 중앙 |
| 까마귀 | 이태준 | 민중 |
| 꺼삐딴 리 | 전광용 | 지학, 중앙, 두산, 블랙, 디딤돌, 천재, 케이스 |
| 날개 | 이상 | 문원, 교학, 중앙, 민중, 천재, 형설, 청문, 태성, 케이스 |
| 논 이야기 | 채만식 | 두산, 상문, 중앙, 교학 |
| 닳아지는 살들 | 이호철 | 천재, 청문 |
| 동백꽃 | 김유정 | 금성, 두산, 블랙, 교학, 상문, 중앙, 지학, 태성, 형설, 디딤돌, 케이스 |
| 두 파산 | 염상섭 | 문원, 상문, 천재, 교학 |
| 등신불 | 김동리 | 중앙, 두산 |
| 만무방 | 김유정 | 민중, 천재, 두산 |
| 메밀꽃 필 무렵 | 이효석 | 금성, 상문, 중앙, 교학, 문원, 민중, 블랙, 디딤돌, 지학, 청문, 천재, 케이스 |
| 모래톱 이야기 | 김정한 | 디딤돌, 교학, 문원 |
| 모범경작생 | 박영준 | 중앙 |
| 뫼비우스의 띠 | 조세희 | 두산, 블랙 |
| 무녀도 | 김동리 | 천재, 지학, 청문, 금성, 문원, 민중, 케이스 |

| 작품 | 작가 | 출판사 |
|---|---|---|
| 무정 | 이광수 | 디딤돌, 금성, 두산, 교학, 한교 |
| 무진기행 | 김승옥 | 두산, 천재, 태성, 교학, 문원, 민중, 케이스 |
| 바비도 | 김성한 | 민중, 상문 |
| 배따라기 | 김동인 | 상문, 형설, 중앙 |
| 벙어리 삼룡이 | 나도향 | 민중 |
| 복덕방 | 이태준 | 블랙, 교학 |
| 봄봄 | 김유정 | 디딤돌, 문원 |
| 붉은 산 | 김동인 | 중앙 |
| B사감과 러브레터 | 현진건 | 교학 |
| 사랑 손님과 어머니 | 주요섭 | 중앙, 디딤돌, 민중, 상문 |
| 사수 | 전광용 | 두산 |
| 사하촌 | 김정한 | 중앙, 문원, 민중 |
| 산 | 이효석 | 문원, 형설 |
| 서울, 1964년 겨울 | 김승옥 | 문원, 블랙, 천재, 교학, 지학, 중앙 |
| 성황당 | 정비석 | 형설 |
| 소설가 구보씨의 일일 | 박태원 | 중앙, 천재, 교학, 대한, 형설, 문원, 민중 |
| 수난 이대 | 하근찬 | 교학, 지학, 중앙, 문원, 민중, 디딤돌, 케이스 |
| 애국부인전 | 장지연 | 지학, 한교 |
| 어둠의 혼 | 김원일 | 천재 |
| 역마 | 김동리 | 교학, 두산, 천재, 태성, 형설, 상문, 디딤돌 |

| 작품 | 작가 | 출판사 |
|---|---|---|
| 역사 | 김승옥 | 중앙 |
| 오발탄 | 이범선 | 교학, 중앙, 금성, 두산 |
| 요한 시집 | 장용학 | 교학 |
| 운수 좋은 날 | 현진건 | 금성, 문원, 천재, 지학, 민중, 두산, 디딤돌, 케이스 |
| 유예 | 오상원 | 블랙, 천재, 중앙, 교학, 디딤돌, 민중 |
| 자유종 | 이해조 | 지학, 한교 |
| 장삼이사 | 최명익 | 천재 |
| 전황당인보기 | 정한숙 | 중앙 |
| 젊은 날의 초상 | 이문열 | 지학 |
| 젊은 느티나무 | 강신재 | 블랙, 중앙, 문원, 상문 |
| 제일과 제일장 | 이무영 | 중앙 |
| 치숙 | 채만식 | 문원, 청문, 중앙, 민중, 상문, 케이스 |
| 탈출기 | 최서해 | 형설, 두산, 민중 |
| 탈향 | 이호철 | 케이스 |
| 태평 천하 | 채만식 | 지학, 금성, 블랙, 교학, 형설, 태성, 디딤돌 |
| 표본실의 청개구리 | 염상섭 | 금성 |
| 학마을 사람들 | 이범선 | 민중 |
| 할머니의 죽음 | 현진건 | 중앙 |
| 해방 전후 | 이태준 | 천재 |
| 혈의 누 | 이인직 | 천재, 금성, 민중, 교학, 태성, 청문 |
| 홍염 | 최서해 | 상문, 지학, 금성, 두산, 케이스 |
| 화수분 | 전영택 | 태성, 중앙, 디딤돌, 블랙 |

# 〈베스트 논술 한국대표문학〉에 실린 시와 교과서 대조표

* 〈베스트 논술 한국대표문학〉에 실린 시와 현행 국어 · 문학 18종 교과서의 수록 내용을 비교 · 분석하였다.

| 작품 | 작가 | 출판사 |
|---|---|---|
| 가는 길 | 김소월 | 지학, 블랙, 민중 |
| 가을의 기도 | 김현승 | 블랙 |
| 겨울 바다 | 김남조 | 지학 |
| 고향 | 백석 | 형설 |
| 국경의 밤 | 김동환 | 지학, 천재, 금성, 블랙, 태성 |
| 국화 옆에서 | 서정주 | 민중 |
| 귀천 | 천상병 | 지학, 디딤돌 |
| 귀촉도 | 서정주 | 지학 |
| 그 날이 오면 | 심훈 | 지학, 블랙, 교학, 중앙 |
| 그대들 돌아오시니 | 정지용 | 두산 |
| 그 먼 나라를 알으십니까 | 신석정 | 교학, 대한 |
| 껍데기는 가라 | 신동엽 | 지학, 천재, 금성, 블랙, 교학, 한교, 상문, 형설, 청문 |
| 꽃 | 김춘수 | 금성, 문원, 교학, 중앙, 형설 |
| 끝없는 강물이 흐르네 | 김영랑 | 디딤, 교학 |
| 나그네 | 박목월 | 천재, 블랙, 중앙, 한교 |
| 나룻배와 행인 | 한용운 | 문원, 블랙, 대한, 형설 |
| 남신의주 유동 박시봉방 | 백석 | 지학, 두산, 상문 |

| 작품 | 작가 | 출판사 |
|---|---|---|
| 남으로 창을 내겠소 | 김상용 | 지학, 한교, 상문 |
| 내 마음은 | 김동명 | 중앙, 상문 |
| 내 마음을 아실 이 | 김영랑 | 한교 |
| 농무 | 신경림 | 지학, 디딤, 금성, 블랙, 교학, 형설, 청문 |
| 누가 하늘을 보았다 하는가 | 신동엽 | 두산 |
| 눈길 | 고은 | 문원 |
| 님의 침묵 | 한용운 | 지학, 천재, 두산, 교학, 민중, 한교, 태성, 디딤돌 |
| 떠나가는 배 | 박용철 | 지학, 한교 |
| 머슴 대길이 | 고은 | 디딤돌, 천재 |
| 먼 후일 | 김소월 | 청문 |
| 모란이 피기까지는 | 김영랑 | 지학, 천재, 금성, 형설 |
| 목계 장터 | 신경림 | 문원, 한교, 청문 |
| 목마와 숙녀 | 박인환 | 민중 |
| 바다와 나비 | 김기림 | 금성, 블랙, 한교, 대한, 형설 |
| 바위 | 유치환 | 금성, 문원, 중앙, 한교 |
| 별 헤는 밤 | 윤동주 | 문원, 민중 |
| 봄은 간다 | 김억 | 한교, 교학 |
| 봄은 고양이로다 | 이장희 | 블랙 |

| 작품 | 작가 | 출판사 |
|---|---|---|
| 불놀이 | 주요한 | 금성, 형설 |
| 빼앗긴 들에도 봄은 오는가 | 이상화 | 지학, 천재, 문원, 블랙, 디딤돌, 중앙 |
| 산 너머 남촌에는 | 김동환 | 천재, 블랙, 민중 |
| 산유화 | 김소월 | 두산, 민중 |
| 살아 있는 것이 있다면 | 박인환 | 대한, 교학 |
| 살아 있는 날은 | 이해인 | 교학 |
| 생명의 서 | 유치환 | 한교, 대한 |
| 샤갈의 마을에 내리는 눈 | 김춘수 | 지학, 블랙, 태성 |
| 서시 | 윤동주 | 디딤돌, 민중 |
| 설일 | 김남조 | 교학 |
| 성묘 | 고은 | 교학 |
| 성북동 비둘기 | 김광섭 | 지학 |
| 쉽게 씌어진 시 | 윤동주 | 지학, 디딤돌, 중앙 |
| 승무 | 조지훈 | 지학, 디딤돌, 금성 |
| 알 수 없어요 | 한용운 | 중앙, 대한 |
| 어서 너는 오너라 | 박두진 | 디딤돌, 금성, 한교, 교학 |
| 오감도 | 이상 | 디딤돌, 대한 |
| 와사등 | 김광균 | 민중 |
| 우리가 물이 되어 | 강은교 | 지학, 문원, 교학, 형설, 청문, 디딤돌 |
| 우리 오빠의 화로 | 임화 | 디딤돌, 대한 |
| 울음이 타는 가을 강 | 박재삼 | 지학, 교학 |
| 자수 | 허영자 | 교학 |

| 작품 | 작가 | 출판사 |
|---|---|---|
| 자화상 | 노천명 | 민중 |
| 절정 | 이육사 | 지학, 천재, 금성, 두산, 문원, 블랙, 교학, 태성, 청문, 디딤돌 |
| 접동새 | 김소월 | 교학, 한교 |
| 조그만 사랑 노래 | 황동규 | 문원, 중앙 |
| 즐거운 편지 | 황동규 | 지학, 형설, 청문 |
| 진달래꽃 | 김소월 | 천재, 태성 |
| 청노루 | 박목월 | 지학, 문원, 상문 |
| 초토의 시 8 | 구상 | 지학, 천재, 두산, 상문, 태성 |
| 초혼 | 김소월 | 디딤돌, 금성, 문원 |
| 타는 목마름으로 | 김지하 | 디딤돌, 금성, 문원, 민중 |
| 풀 | 김수영 | 지학, 금성, 민중, 한교, 태성 |
| 프란츠 카프카 | 오규원 | 천재, 태성 |
| 피아노 | 전봉건 | 태성 |
| 해 | 박두진 | 두산, 블랙, 민중, 형설 |
| 해에게서 소년에게 | 최남선 | 지학, 천재, 금성, 두산, 문원, 민중, 한교, 대한, 형설, 태성, 청문, 디딤돌 |
| 향수 | 정지용 | 지학, 문원, 블랙, 교학, 한교, 상문, 청문, 디딤돌 |

# 〈베스트 논술 한국대표문학〉에 실린 시조와 교과서 대조표

* 〈베스트 논술 한국대표문학〉에 실린 시조와 현행 국어 · 문학 18종 교과서의 수록 내용을 비교 · 분석하였다.

| 작품 | 작가 | 출판사 | 작품 | 작가 | 출판사 |
|------|------|--------|------|------|--------|
| 가노라 삼각산아 | 김상헌 | 교학, 형설 | 삼동에 베옷 닙고 | 조식 | 지학, 형설 |
| 가마귀 눈비 맞아 | 백팽년 | 교학 | 산인교 나린 물이 | 정도전 | 천재 |
| 가마귀 싸우는 골에 | 정몽주 어머니 | 교학 | 수양산 바라보며 | 성삼문 | 천재, 교학 |
| 강호 사시가 | 맹사성 | 디딤돌, 두산, 교학 | 십년을 경영하여 | 송순 | 지학, 금성, 블랙, 중앙, 한교, 상문, 대한, 형설 |
| 고산구곡 | 이이 | 한교 | 어리고 성긴 매화 | 안민영 | 형설 |
| 공명을 즐겨 마라 | 김삼현 | 지학 | 어부사시사 | 윤선도 | 금성, 문원, 민중, 상문, 대한, 형설, 청문 |
| 구름이 무심탄 말이 | 이존오 | 천재 | | | |
| 국화야 너난 어이 | 이정보 | 블랙 | 오리의 짧은 다리 | 김구 | 청문 |
| 녹초 청강상에 | 서익 | 지학 | 오백년 도읍지를 | 길재 | 블랙, 청문 |
| 농암가 | 이현보 | 민중 | 오우가 | 윤선도 | 형설 |
| 뉘라서 가마귀를 | 박효관 | 교학 | 이몸이 죽어가서 | 성삼문 | 지학, 두산, 민중, 대한, 형설 |
| 님 그린 상사몽이 | 박효관 | 천재 | | | |
| 대추볼 붉은 골에 | 황희 | 중앙 | 이시렴 부디 갈다 | 성종 | 지학 |
| 도산 십이곡 | 이황 | 디딤돌, 블랙, 민중, 형설, 태성 | 이화에 월백하고 | 이조년 | 디딤돌, 천재, 두산 |
| | | | 이화우 흣뿌릴 제 | 계랑 | 한교 |
| 동짓달 기나긴 밤을 | 황진이 | 지학, 천재, 금성, 두산, 문원, 교학, 상문, 대한 | 재너머 성권농 집에 | 정철 | 천재, 형설 |
| | | | 천만리 머나먼 길에 | 왕방연 | 문원, 블랙 |
| 마음이 어린후니 | 서경덕 | 지학, 금성, 블랙, 한교 | 청산리 벽계수야 | 황진이 | 지학 |
| 말없는 청산이요 | 성혼 | 지학, 천재 | 추강에 밤이 드니 | 월산대군 | 천재, 금성, 민중 |
| 방안에 혔는 촉불 | 이개 | 천재, 금성, 교학 | 춘산에 눈녹인 바람 | 우탁 | 디딤돌 |
| 백구야 말 물어보자 | 김천택 | 지학 | 풍상이 섞어 친 날에 | 송순 | 지학, 청문 |
| | | | 한손에 막대 잡고 | 우탁 | 금성 |
| 백설이 자자진 골에 | 이색 | 지학 | 훈민가 | 정철 | 지학, 금성 |
| 삭풍은 나무끝에 | 김종서 | 중앙, 형설 | 흥망이 유수하니 | 원천석 | 천재, 중앙, 한교, 디딤돌, 대한 |
| 산촌에 눈이 오니 | 신흠 | 지학 | | | |

# 〈베스트 논술 한국대표문학〉에 실린 수필과 교과서 대조표

* 〈베스트 논술 한국대표문학〉에 실린 수필과 현행 국어·문학 18종 교과서의 수록 내용을 비교·분석하였다.

| 작품 | 작가 | 출판사 |
|------|------|--------|
| 가난한 날의 행복 | 김소운 | 천재 |
| 가람 일기 | 이병기 | 지학 |
| 구두 | 계용묵 | 디딤돌, 문원, 상문, 대한 |
| 그믐달 | 나도향 | 블랙, 태성 |
| 꼴찌에게 보내는 갈채 | 박완서 | 태성 |
| 나무 | 이양하 | 상문 |
| 나무의 위의 | 이양하 | 문원, 태성 |
| 낭객의 신년 만필 | 신채호 | 두산, 블랙, 한교 |
| 딸깍발이 | 이희승 | 지학, 디딤돌, 청문 |
| 멋없는 세상 멋있는 사람 | 김태길 | 중앙 |
| 무궁화 | 이양하 | 디딤돌 |
| 백설부 | 김진섭 | 지학, 천재, 형설, 태성, 청문 |
| 생활인의 철학 | 김진섭 | 지학, 태성 |
| 수필 | 피천득 | 지학, 천재, 한교, 태성, 청문 |
| 수학이 모르는 지혜 | 김형석 | 청문 |
| 슬픔에 관하여 | 유달영 | 문원, 중앙 |
| 웃음설 | 양주동 | 교학, 태성 |
| 은전 한 닢 | 피천득 | 금성, 대한 |
| 이야기 | 피천득 | 지학, 청문 |
| 인생의 묘미 | 김소운 | 지학 |
| 지조론 | 조지훈 | 블랙, 한교 |
| 청춘 예찬 | 민태원 | 금성, 블랙 |
| 특급품 | 김소운 | 교학 |
| 폭포와 분수 | 이어령 | 지학, 블랙 |
| 피딴 문답 | 김소운 | 디딤돌, 금성, 한교 |
| 행복의 메타포 | 안병욱 | 교학 |
| 헐려 짓는 광화문 | 설의식 | 두산 |

**베스트 논술 한국대표문학 59**

# 열하일기

**지은이** 박지원
**펴낸이** 류성관
**펴낸곳** SR&B(새로본닷컴)
**주 소** 서울특별시 마포구 망원동 463-2번지
**전 화** 02)333-5413
**팩 스** 02)333-5418
**등 록** 제10-2307호
**인 쇄** 만리 인쇄사